Simone de Beauvoir

DIE LEGENDÄREN GESPRÄCHE MIT ALICE SCHWARZER

Herausgegeben und aus dem Französischen
von Alice Schwarzer

Kampa

Die Erstausgabe erschien 1983 unter dem Titel *Simone de Beauvoir heute* im Rowohlt Verlag, Reinbek bei Hamburg.
Das Vorwort wurde für diese Ausgabe überarbeitet.

Für den Blick hinter die Verlagskulissen:
www.kampaverlag.ch / newsletter

Der Kampa Verlag wird in der Schweiz vom Bundesamt für Kultur mit einem Strukturbeitrag für die Jahre 2021–2024 unterstützt.

Covergestaltung: Lara Flues, Kampa Verlag
Coverfoto: © bpk | RMN - Grand Palais | Estate Brassaï
Foto auf der U4: © Jürgen Wilcke
www.kampaverlag.ch
Satz: Lara Flues, Kampa Verlag
Gesetzt aus der Stempel Garamond LT / 220140
Druck und Bindung: GGP Media GmbH, Pößneck
ISBN 978 3 311 14039 9

In meinem ganzen Leben bin ich niemandem begegnet, der so zum Glück begabt gewesen wäre wie ich – auch niemandem, der sich mit gleicher Hartnäckigkeit darauf versteift hätte.

Simone de Beauvoir

INHALT

VORWORT VON ALICE SCHWARZER

Zum ersten Mal traf ich sie im Mai 1970. Es war eine eher reservierte Begegnung. Ihrerseits. Und eine zufällige. Denn eigentlich war ich mit Jean-Paul Sartre verabredet. In dieser Zeit war ich freie Korrespondentin in Paris und besuchte den Philosophen für ein Interview über die heute wieder so aktuelle Frage der »revolutionären Gewalt«: Hat man das Recht zum Widerstand, und wenn ja, wie weit darf die »Gegengewalt« gehen?

Da saß ich nun in seiner Einzimmerwohnung am Boulevard Raspail. Interviewzeit dreißig Minuten. Kurz vor Ende des Gesprächs dreht jemand den Schlüssel im Schloss und betritt die Wohnung: Simone de Beauvoir. Sie wirft einen kurzen, irritierten Blick auf mich (und meine halblangen blonden Haare, mein Minikleid) und erinnert Sartre knapp, fast schroff daran, dass sie beide gleich eine Pressekonferenz hätten. Dann setzt sie sich etwas entfernt von uns an Sartres Schreibtisch und arbeitet.

Ich spüre ihren Ärger über die Verzögerung und werde verlegen. Erstmals lerne ich Beauvoirs berüchtigten *»tête de chameau«* (wörtlich übersetzt: Kamelkopf) kennen, das heißt ihre abweisende Miene, wenn ihr Situationen oder Menschen nicht passten. Sie war, das begriff ich später, ein sehr absoluter Mensch. Kehrseite der Medaille: Wen sie einmal ins Herz geschlossen hatte, der war daraus auch nur schwer wieder zu entfernen.

Noch heute spüre ich, wie aufgeregt ich damals war.

Schon wegen Sartre, der ja in Frankreich zu der Zeit der Theoretiker Nummer eins der 68er-Bewegung war und in diesen Jahren durch seine radikale Solidarität mit der Jugendrevolte Furore machte. Und dann auch noch Beauvoir ... Mit ihr hatte ich doch eigentlich noch viel, viel mehr zu tun als mit Sartre.

Ich gehöre zu der Generation, für die die ferne Existenz einer Simone de Beauvoir ab den frühen sechziger Jahren eine unerhörte Herausforderung war und eine große Ermutigung. Da war nicht nur ihr Werk – die Romane, Memoiren, Essays –, da war auch ihr Leben: eine Intellektuelle, die sich widerständig, doch geachtet in die brisantesten politischen Debatten ihrer Zeit einmischte und leidenschaftlich Partei ergriff (zum Beispiel im Algerienkrieg gegen die französischen Kolonialherren); eine Frau, die mit ihrem Weggefährten unverheiratet, in getrennter Wohnung und in »freier Liebe« lebte; eine Schriftstellerin, die kreativ, erfolgreich – und begehrenswert war. Kurzum: eine ganz und gar unerhörte Erscheinung! Ein »Role Model«, wie man heute sagen würde, allererster Güte.

Hätte mir damals jemand gesagt, dass ich ein Stück ihres Weges mit ihr gehen und diese Gespräche mit ihr führen würde, die die Frauenbewegungen in der ganzen Welt beeinflusst haben, ich hätte es wohl kaum geglaubt. Noch weniger aber hätte ich mir vorstellen können, dass Simone de Beauvoir, die in diesen Jahren, in denen ich die Interviews führte – zwischen 1972 und 1982 –, weltweit rezipiert und geschätzt wurde, nur wenige Jahre nach ihrem Tod 1986 missverstanden, ja missachtet oder gar vergessen sein könnte. Fast.

Doch gerade wird Simone de Beauvoir wiederentdeckt. Denn in der aktuellen Kontroverse zwischen den Identitären, die die Unterschiede zwischen den Menschen betonen, und den Universalisten, die den Akzent auf die

Gleichheit legen, ist sie die bedeutendste Impulsgeberin des Gleichheitsdenkens. Auch und gerade wenn es um das Verhältnis der Geschlechter geht. Ihre Utopie ist die »Geschwisterlichkeit«. Gleichzeitig hat niemand so radikal die Geschlechterrollen *(Gender)* analysiert und infrage gestellt wie sie – allerdings ohne die Biologie *(Sex)* zu leugnen.

Was heute »Dekonstruktion der Geschlechter« genannt wird, hat Simone de Beauvoir – nicht als Erste, aber am umfassendsten – vorausgedacht und auf den Punkt gebracht: »Man wird nicht als Frau geboren, man wird es.« Nicht die Biologie ist der Stoff, aus dem »Weiblichkeit« und »Männlichkeit« gemacht sind, nicht die Natur, sondern die Kultur: Die lebenslange Rollenzuweisung verstümmelt Menschen zu Frauen oder Männern und raubt ihnen ihre andere Hälfte. Beauvoirs Utopie ist der von solchen Rollenzwängen befreite, der ganzheitliche Mensch.

Gleichzeitig leugnet die Philosophin nicht die Tatsache des biologischen Geschlechts und auch nicht die Prägung der Geschlechter über Jahrtausende. So schreibt sie in dem 1949 erschienenen Buch *Das andere Geschlecht*: »Die Begriffe vom Ewigweiblichen, von der schwarzen Seele, vom jüdischen Charakter abzulehnen, bedeutet ja nicht zu verneinen, dass es heute Juden, Schwarze, Frauen gibt: Diese Verneinung wäre für die Betroffenen keine Befreiung, sondern eine Flucht ins Unauthentische. Selbstverständlich kann keine Frau, ohne unaufrichtig zu sein, behaupten, sie stünde jenseits ihres Geschlechts.« Dasselbe gilt für den Mann.

Was zum Beispiel für die aktuelle Debatte über Transsexualität bedeutet: Es wäre nach einem Geschlechterwechsel »unaufrichtig«, die Erfahrungen und Prägungen des früheren, angeborenen Geschlechts zu leugnen. Es wäre im Gegenteil aufrichtig, zu der Summe beider Erfahrungen, des Geburtsgeschlechts wie des Wunschgeschlechts, zu stehen.

Beauvoir besteht also auf der Abschaffung der kulturellen Geschlechterrollen, aber weiß um die Realität der Prägung wie die Irreversibilität der Natur. »Es ist Aufgabe des Menschen, dem Reich der Freiheit inmitten der gegebenen Welt zum Durchbruch zu verhelfen«, schreibt sie am Ende von *Das andere Geschlecht*. »Damit dieser höchste Sieg errungen werden kann, ist es unter anderem notwendig, dass Männer und Frauen über ihre natürlichen Unterschiede hinaus unmissverständlich ihre Brüderlichkeit behaupten.« (Heute würde sie wohl »Geschwisterlichkeit« schreiben.)

Im Gegensatz zur aktuellen Identitätsdebatte, in der manche im gleichen Atemzug die Geschlechterrolle und das biologische Geschlecht infrage stellen, also Kultur und Natur gleichsetzen, ist für Beauvoir das »natürliche Geschlecht«, die Biologie, selbstverständlich irreversibel. Nur soll es nicht länger Vorwand sein für die Zuweisung der Geschlechterrolle.

Ein halbes Jahrhundert nach den weltweiten historischen Frauenbewegungen zu Beginn des zwanzigsten Jahrhunderts trat die »Neue Frauenbewegung« an, in den USA die »zweite Welle« genannt. Wir Feministinnen der siebziger Jahre hatten alle *Das andere Geschlecht* gelesen – und konnten darauf aufbauen. Und sehr bald war auch seine Autorin eine von uns, eine bekennende und aktive Feministin.

Ich war im September 1970 zu dem Häuflein Pionierinnen in Paris gestoßen. Bereits im folgenden Frühling galten wir als Bewegung, und die Medien hatten uns auch schon einen Namen verpasst: »Mouvement de Libération des Femmes«, kurz MLF genannt. Wir lancierten eine spektakuläre Kampagne nach der anderen, unter anderem die gegen das Abtreibungsverbot. 343 Frauen, darunter etliche bekannte, erklärten im April 1971 öffentlich im *Nouvel Observateur*: »Ich habe abgetrieben, und ich fordere dieses Recht für jede Frau!« Simone de Beauvoir war eine von ihnen. Und ich exportierte die Idee von Frankreich nach Deutschland, wo am 6. Juni 1971 im *Stern* 374 Frauen provokant erklärten: »Wir haben abgetrieben!«

Beauvoir hat von Beginn an mit der Minderheit radikaler Feministinnen, denen sie politisch wie emotional vertraute, zusammengearbeitet. Sie hat uns nie etwas abgeschlagen. So wie Sartre für einen Teil der neuen Linken zum »Compagnon de route« geworden war, so wurde nun Beauvoir für die radikale Strömung der Frauenbewegung – also für die Antibiologistinnen bzw. Universalistinnen – zur Wegbegleiterin.

Zu unseren Terminen, egal, ob es um politische Aktionen oder ein privates Essen ging, erschien Simone de Beauvoir immer sehr pünktlich. Wenig hasste sie so sehr wie Unpünktlichkeit. Sie hatte keine Zeit zu verlieren, war in den Diskussionen von schneidender Klarheit und mitreißendem Anarchismus. Nichts war ihr zu radikal. Doch in ihrem Auftreten war sie oft überraschend wohlerzogen – die Art, wie sie ihre Handtasche auf den Knien umklammert halten konnte …

Es war eine Zeit des Aufbruchs, alles schien möglich; die politische Arbeit war wie ein Rausch, der unser ganzes Leben erfasste. Abende, ausgefüllt mit Treffen, Gesprächen, Essen, Aktionen. *»Les bouffes avec Simone«* wurden bald zur lieben Gewohnheit. Alle paar Wochen wurde reihum gekocht, allerdings nie bei ihr: Sie hasste es zu kochen. Meist bei mir: Ich liebe es zu kochen. Sechs bis acht Frauen waren wir, gevöllert wurde, getrunken und gelacht – und Pläne wurden geschmiedet.

Bei einem dieser *»bouffes«* entstand die Idee meines ersten Interviews mit Beauvoir. Ich fand es wichtig, dass die »Bekehrung« der einst distanzierten Sozialistin zum engagierten Feminismus öffentlich gemacht wurde. Denn mit dem Erscheinen ihres Buches *Das andere Geschlecht* 1949 hatte sich ja ausgerechnet die bedeutendste feministische Theoretikerin des Jahrhunderts von der Notwendigkeit der Existenz einer Frauenbewegung distanziert. Sie hatte erklärt, sie glaube an »eine automatische Lösung der Frauenfrage innerhalb des Sozialismus«. Doch der »reale Sozialismus« und Stalinismus sollte in der Folgezeit nicht nur Beauvoir und Sartre desillusionieren.

Unser erstes Interview machte auch wegen dieser politischen Wende Beauvoirs Geschichte. Es erschien Anfang 1972, also zu einer Zeit, in der die beginnenden Frauenbewegungen in allen westlichen Ländern in einem zähen legitimatorischen Clinch mit den Linken lagen, aus deren Reihen sie zum Teil kamen. »Ich bin Feministin!«, erklärte die Gefährtin von Sartre, der ja mit der radikalen Linken verbandelt war, nun öffentlich. Sie bekannte sich zu der Notwendigkeit einer autonomen, von der Linken unabhängigen Frauenbewegung und kritisierte die »lieben Genossen« in den kapitalistischen wie in den sozialistischen Ländern. Unser Gespräch wurde weltweit übersetzt, bis ins Japanische, und kursierte in zahllosen Frauengruppen als Raubdruck.

Ein Jahr später machte ich ein Fernsehporträt über Beauvoir für den NDR. Das Gespräch, in dem Beauvoir und Sartre auf Fragen nach ihrer Beziehung antworten, ist diesem Filmporträt entnommen. Es wurde im September 1972 in Rom geführt und ist, soweit ich weiß, das einzige Interview überhaupt, in dem beide gleichzeitig auf Fragen nach den Spielregeln ihrer Beziehung Rede und Antwort stehen – dieser Beziehung, die für Generationen *das* Modell einer »freien Liebe« war.

Die Tage in Rom waren der Beginn unserer Freundschaft, über die politische und journalistische Zusammenarbeit hinaus. Ich erinnere mich vor allem an die langen Abende auf den Terrassen, an denen Beauvoir, Sartre und ich Gott und die Welt durch den Kakao zogen: Uns drei verband unter anderem die Lust am Tratsch, der ja erhellender sein kann als so mancher philosophische Diskurs.

Schon Mitte der siebziger Jahre hatte Simone de Beauvoir in unserem dritten Gespräch vor den sich – bereits da – abzeichnenden Tendenzen einer Renaissance des Glaubens an die »Natur der Frau« (und damit auch des Mannes) gewarnt. Sie spottete: »Da man den Frauen nicht die Schönheit des Geschirrspülens preisen kann, preist man ihnen die Schönheit der Mutterschaft.«

Vor allem Beauvoirs Aussagen zur Frage der Mutterschaft in diesem Interview lösten wahre Proteststürme aus. Ganz wie beim Erscheinen von *Das andere Geschlecht*, als die Kapitel über Liebe, Homosexualität und Mutterschaft tumultartige Reaktionen hervorgerufen hatten. Bis an ihre Pariser Privatadresse – 11 bis, Rue Schoelcher – schrieben ihr die Frauen aus aller Welt: Sie haben etwas gegen Mütter! Sie sind wohl frustriert! Schütten Sie das Kind doch nicht mit dem Bade aus! Und bis heute beharren diejenigen, die die mangelnde Bereitschaft zum (Selbst-)Betrug im Denken von Simone de Beauvoir nicht aushalten, darauf, sie misszuverstehen.

Wie oft eigentlich hat Beauvoir in ihrem Leben auf die Frage antworten müssen, ob ihr als Nicht-Mutter nicht doch etwas Entscheidendes fehle …? Hat man jemals Sartre gefragt, ob er sich trotz seiner fehlenden Vaterschaft als vollständiger Mensch empfinde? Bei einigen ihrer Statements zum Thema Mutterschaft scheint darum eine gewisse Gereiztheit durch, aber auch der heilige Zorn über die Tendenz zum Selbstbetrug der Frauen, zur *»mauvaise fois«*, zur Unaufrichtigkeit, wie Sartre sie versteht.

Was also sagt Simone de Beauvoir wirklich zur Mutterschaft? Dass im Namen der Mütterlichkeit vor allem die Frauen für das Versorgen der Kinder verantwortlich gemacht würden, jedoch Mütterlichkeit keineswegs angeboren, sondern anerzogen sei. Dass sich aus der Fähigkeit zur biologischen Mutterschaft, zum Gebären, nicht zwangsläufig die Verpflichtung und Kompetenz zur sozialen Mutterschaft, zum Aufziehen der Kinder, ergebe. Dass die Mutterschaft an sich kein kreativer Akt, sondern eine biologische Gegebenheit sei. Dass die Mutterschaft keine Lebensaufgabe für eine Frau sei. Dass die Mutterschaft Frauen oft zu wahren Sklavinnen mache und sie ans Haus binde. Und dass es darum um die Aufkündigung *dieser Art* von Mutterschaft gehen müsse, das heißt: der traditionellen Arbeitsteilung zwischen Frauen und Männern. Etwas anderes sagt selbst so manche Politikerin heute nicht. Allerdings sagen sie es ein halbes Jahrhundert später.

In unserem 1976 geführten Gespräch hielten wir es beide für wichtig, auch und gerade den Weiblichkeitswahn im Namen des Feminismus zu thematisieren. Simone de Beauvoir attackiert in aller Schärfe jeden Glauben an ein »Anders-« bzw. ein »Besser-Sein« von Frauen: »Das wäre finsterer Biologismus und steht in krassem Gegensatz zu allem, was ich denke. Wenn Männer uns sagen: Immer schön Frau bleiben, überlasst uns nur all diese lästigen Sachen wie Macht, Ehre, Karrieren, seid zufrieden, dass ihr so seid: erdverbunden, befasst mit den menschlichen Aufgaben … Wenn man uns das sagt, sollten wir auf der Hut sein!«

Und auch in unserem letzten Gespräch in diesem Band, geführt im September 1982, geht es noch einmal um die Gefahr des Beharrens auf dieser »Differenz« – die real aufgrund unterschiedlicher Prägungen und Lebensrealität in der Tat durchaus existiert – statt des Strebens nach Gleichheit.

Einen Tag vor ihrem siebzigsten Geburtstag, im Januar 1978, führten wir das vierte Gespräch, über ihr eigenes

Alter. Dabei tritt bei der Autorin des Essays *Das Alter* – ein Werk, das in seiner visionären, umfassenden Analyse des Alters mit der Bedeutung von *Das andere Geschlecht* für Frauen vergleichbar ist – ein Zug zutage, den ich für charakteristisch halte: Simone de Beauvoir war kein sonderlich selbstgrüblerischer Mensch. Die Tatsache, dass sie dieses umfassende Werk über das Alter geschrieben hatte, bedeutete noch lange nicht, dass sie über ihr eigenes Alter sehr viel mehr zu sagen gehabt hätte als viele andere Menschen auch. Auch diese Haltung – bei aller Selbsterkenntnis auch eine Distanz zu sich selbst – gab ihr lebenslang die für sie so typische Unbefangenheit und Frische, auch im Denken. Doch in diesem Gespräch hat sie, ganz wie in ihren Memoiren, nicht immer die volle Wahrheit gesagt, wie sich nach ihrem Tod herausstellte. Auch aus Rücksicht auf Dritte, doch wohl nicht nur. Allerdings hat Beauvoir selbst diese volle Wahrheit via Nachlass posthum mitgeteilt. Nämlich durch die hinterlassenen Briefe, vor allem die an Sartre. Sie wusste, dass ihre Erbin Sylvie le Bon sie veröffentlichen würde, so wie sie selbst Sartres Briefe veröffentlicht hatte. Beauvoir allerdings hatte zu Lebzeiten Rücksicht auf noch lebende Betroffene genommen – das tat ihre Erbin nun nicht mehr.

Einige Jahre vor Simone de Beauvoirs überraschendem Tod am 14. April 1986 hatte ich sie in unserem letzten Gespräch gefragt, ob es etwas gebe, was sie als Autorin heute anders machen würde. »Ja, ich wäre ehrlicher«, hat sie geantwortet. »Ich habe nicht alles gesagt über meine Sexualität.« Sie hat in der Tat nicht alles gesagt über ihre gelebte Bisexualität. Und sie hat auch nicht alles gesagt über den Preis, den die »freie Liebe« für sie hatte.

Der Pakt einer Hauptbeziehung mit Sartre – bei gleichzeitigen Nebenbeziehungen mit Dritten – war traditionell schwerer für die Frau, die Liebe und Sexualität nicht so leicht trennen konnte und wollte. Und vermutlich hat sie sich auch darum lebenslang auf keine wirklich ernst zu nehmende weitere Beziehung neben Sartre eingelassen. Der Einzige, der Sartres Platz hätte gefährden können, war Nelson Algren. Ihn hatte sie darum nach einer leidenschaftlichen Affäre verlassen.

Simone de Beauvoir und ich haben auch privat viel und sehr offen über Sexualität gesprochen. Bei einem dieser Gespräche gestand sie mir, dass sie erst mit Algren ihren ersten Orgasmus hatte, also im Alter von 38 Jahren. Sie, die berüchtigte Vertreterin der »freien Liebe«. So waren die Zeiten für Frauen, auch für eine Simone de Beauvoir. Hinzu kam: Die Sexualität hatte zwischen Beauvoir und Sartre keine bedeutende Rolle gespielt. Er war, nach eigenem Bekunden, nicht sonderlich daran interessiert und ein schlechter Liebhaber. Ihn reizte nur das Erobern einer Frau. Was den Vorteil hatte, dass die Sexualität mit Dritten für die sehr innige, durchaus auch zärtliche, aber vor allem geschwisterliche Beziehung nicht zum Dynamit werden konnte.

Auch ihrer Liebe zu Frauen hat Beauvoir durch systematisch ungleiche, meist viel jüngere Freundinnen keine Chance gegeben. Nicht zufällig hat sie erst gegen Ende von Sartres Leben erstmals einer Frau, nämlich Sylvie le Bon, einen zentralen Platz in ihrem Leben eingeräumt. Zwar hatte Simone de Beauvoir sich schon in *Das andere Geschlecht* mit einer für diese Zeit unerhörten Tabulosigkeit zur weiblichen Homosexualität geäußert, doch politisch und praktisch konnte sie diese Erkenntnis erst in den frauenbewegten siebziger Jahren zu Ende denken.

Frauenliebe, das war für Simone de Beauvoir offensichtlich Verlockung und Gefahr zugleich. Denn schon die heftigen und abwertenden Reaktionen auf den frühen Verdacht ihrer Bisexualität hatten ihre gesellschaftliche Stellung ins Wanken gebracht. Und sie muss gespürt haben, dass sie ihren Anspruch auf Ganzheitlichkeit nur mit der Unterstützung eines Mannes realisieren konnte, beziehungsweise mit einem Mann an ihrer Seite.

War das der wahre Grund für ihren lebenslangen Pakt mit Sartre, ihrem »männlichen Zwilling«? Hatte die junge Simone de Beauvoir den brillanten Jean-Paul Sartre vor allem gewählt, um an seiner Seite Zugang zu einer ihr als Frau verschlossenen Welt zu bekommen? Und durfte gerade sie genau darum die Symbiose auf keinen Fall gefährden? War ihre viel beschworene »Osmose« mit Sartre ihr Weg, sich die Männerwelt zu erschließen? Und hat sie mit ihm und über ihn das ausagiert, was sie als Frau nicht tun durfte? War Sartre also für sie auch eine Art Medium, über das sie, die Frau, auch »männlich« denken und handeln konnte? Und Sartre darum viel mehr als ein Gegenüber – die ihr, der Anderen, verweigerte »eine« Hälfte?

Die am 9. Januar 1908 in Paris geborene Simone de Beauvoir gehörte zu der ersten Generation der weiblichen Elite des zwanzigsten Jahrhunderts, die Zugang zu der bis dahin ausschließlich Männern vorbehaltenen Bildung hatte. Sie brach aus der Enge des Bürgertums aus und stürmte hinein in die Welt. Und von Anfang an wollte sie beides sein: Objekt und Subjekt, Frau und Mann, Mensch.

Am 3. Juli 1947 schrieb sie an ihren damaligen Liebhaber Nelson Algren: »Ich möchte vom Leben alles. Ich möchte eine Frau, aber auch ein Mann sein, viele Freunde haben und allein sein, viel arbeiten und gute Bücher schreiben, aber auch reisen und mich vergnügen, egoistisch und nicht egoistisch sein … Sehen Sie, es ist nicht leicht, alles, was ich möchte, zu bekommen. Und wenn es mir nicht gelingt, werde ich wahnsinnig vor Zorn.«

Da ist es wieder: das Absolute von Simone de Beauvoir. Sicher, sie wusste um die unterschiedlichen Prägungen und Realitäten der Geschlechter, auch ihrer eigenen – aber sie nahm sich die existenzialistische Freiheit der Wahl. Diese Frau wollte sich nicht länger teilen lassen in Kopf oder Körper, in geachtet oder begehrt. Sie wollte sowohl als Intellektuelle wie auch als Frau verführen.

Die Enkelinnen der Emanzipation stehen heute vor derselben Aufgabe wie einst Simone de Beauvoir: Erkenntnis und Handeln, Verstand und Gefühl auf einen Nenner zu bringen. Simone de Beauvoir hat es ihnen in einsamer Größe vorgelebt. Sie ist manchmal gescheitert, aber sie hat auch viele Siege davongetragen. Sie hat ganz einfach ihr Leben in die Hand genommen – entschlossen, glücklich zu sein.

Alice Schwarzer
Köln, Sommer 2022

»ICH KONNTE GANZ OFFEN ANTWORTEN.«

Vorwort von Simone de Beauvoir

Diese Interviews mit Alice Schwarzer haben zwischen Anfang 1972 und September 1982 stattgefunden: zehn Jahre. Dank unserer feministischen wie persönlichen Freundschaft war sie in der Lage, mir die Fragen zu stellen, die mich interessierten, und konnte ich ihr ganz und gar offen antworten. Diese Gespräche spiegeln also sehr genau meine Haltung zum Feminismus in der Zeitspanne, in der sie geführt wurden – eine Haltung, die ich bis heute habe.

Ehrlich gesagt haben sich meine Ideen kaum geändert seit dem Moment – 1970 –, als ich mich im sogenannten »neuen Feminismus« engagierte. Dennoch haben sie sich unter dem Einfluss der feministischen Praxis wohl leicht verändert: meine Beziehungen zu anderen Frauen; die Briefe, die ich von ihnen erhielt; die Aktionen, an denen ich teilgenommen habe. Es ist richtig, glaube ich, dass das Denken von den gelebten Erfahrungen geleitet wird: Das ist auf jeden Fall der Weg, den ich gegangen bin. Man sollte darum diese Interviews in ihrer chronologischen Reihenfolge lesen, denn im Laufe der Zeit haben sich gewisse Berichtigungen ergeben.

Ich spreche hier vor allem von meinen feministischen Positionen. Aber da Alice Schwarzer uns, Sartre und mich, auch nach unserer Beziehung gefragt hat, hielt ich es für richtig, auch darüber zu reden. Manche Feministinnen leugnen, dass man, wenn man eng mit einem Mann ver-

bunden ist, so kämpfen kann wie sie. Ich bin nicht dieser Meinung, und ich wollte zeigen, dass beides, zumindest was mich angeht, miteinander vereinbar ist.
Ich freue mich, dass dieses Buch erscheint, denn es trägt dazu bei, mich besser zu kennen – und hoffentlich auch dazu, die Sache besser zu verstehen, der ich so tief verbunden bin.

Simone de Beauvoir
Paris, 1983

Mit Sylvie Le Bon auf einer Demo des MLF 1971

»DARUM BIN ICH HEUTE FEMINISTIN.«

Die Autorin des 1949 erschienenen Essays
Das andere Geschlecht *stößt zu den Feministinnen*
und erklärt 1972 erstmals, warum.

Ihre Analyse der Situation der Frau ist immer noch die radikalste. Seit Erscheinen Ihres Buches *Das andere Geschlecht* im Jahr 1949 ist kein Autor weiter gegangen als Sie, und Sie vor allem haben die neuen Frauenbewegungen inspiriert. Aber erst jetzt – nach 23 Jahren – haben Sie sich erstmals aktiv im konkreten und kollektiven Kampf der Frauen engagiert. Sie sind in Paris mit den Französinnen auf die Straße gegangen und beim internationalen Frauenmarsch mitmarschiert. Warum?

Weil sich in den letzten zwanzig Jahren die Situation der Frau nicht wirklich verändert hat. In Frankreich zum Beispiel hat sie ein paar kleine Dinge erreicht, in Bezug auf die Heirat und die Scheidung. Auch die Verhütungsmittel sind ein wenig mehr verbreitet – aber nicht in ausreichendem Maße, denn nur sieben Prozent der Französinnen nehmen die Pille. Auf jeden Fall aber sind die Frauen auf Arbeiten beschränkt wie Sekretärinnen oder Krankenschwestern und sehr selten Chef eines Unternehmens oder Arzt. Die interessantesten Karrieren sind ihnen verstellt, und innerhalb der einzelnen Berufe haben die Männer wiederum eine Barriere gegen sie aufgerichtet.

All das hat mir zu denken gegeben. Ich dachte, es ist nötig, dass die Frauen, die wirklich wollen, dass sich ihre Lage ändert, ihr Schicksal selbst in die Hand nehmen. Und als mich die Frauen von der französischen Frauenbewegung fragten, ob ich nicht mit ihnen zusammen an dem Abtreibungsmanifest, in dem wir uns selbst der Abtreibung beschuldigt haben, arbeiten wolle, da habe ich gedacht: Das ist der richtige Weg, um die Aufmerksamkeit auf diesen größten Skandal, den es heute überhaupt gibt, auf das Abtreibungsverbot, zu lenken! So hat das angefangen.
Es war also selbstverständlich für mich, mitzumarschieren und die Slogans zu übernehmen, mit denen ich ganz und gar einverstanden bin: Freie und kostenlose Abtreibung und Verhütung! Freie Mutterschaft!

Sie sprechen von der Situation in Frankreich. Sie haben jedoch auch mehrere sozialistische Länder besucht. Hat sich da die Lage der Frau grundlegend geändert?

Sie ist etwas anders gelagert. Ich habe zum Beispiel von sehr nahe die Situation der Frauen in der UdSSR gesehen. Fast alle Russinnen arbeiten, und die Frauen, die es nicht tun (die Ehefrauen einiger hochgestellter Funktionäre oder anderer wichtiger Leute), werden von den anderen verachtet. Die sowjetischen Frauen sind sehr stolz, dass sie arbeiten. Sie haben beachtliche soziale und politische Verantwortungen und ein Gefühl für diese Verantwortungen. Trotzdem, wenn man die Statistik berücksichtigt und wie viele Frauen wirklich im Zentralkomitee und in den Volksversammlungen sind, das heißt wie viele Frauen wirklich Macht haben – ist das im Vergleich zu den Männern eine sehr niedrige Zahl. In den Berufen dasselbe. Die unangenehmsten Berufe sind Frauenberufe. Fast alle Mediziner in der UdSSR sind Frauen, weil die ärztliche Versorgung kostenlos ist, der Be-

ruf vom Staat schlecht bezahlt wird und außerordentlich hart und ermüdend ist. Man steckt die Frauen in die Erziehung und in die Medizin, aber die wichtigsten Berufe, wie die der Wissenschaft und die Ingenieursberufe, sind ihnen sehr viel weniger zugänglich. Und selbst innerhalb der von ihnen errungenen Berufe sind sie unter den Männern eingestuft – genau wie in den kapitalistischen Ländern.
Und dann ist da in Russland wie überall der Skandal, gegen den ja gerade die Frauenbewegungen kämpfen: die Hausarbeit, die Pflege der Kinder – für all das sind auch in der UdSSR ausschließlich die Frauen zuständig. Man kann daraus schließen, dass die Gleichheit von Mann und Frau auch in der UdSSR nicht verwirklicht worden ist.

Was sind die Gründe?

Zunächst einmal, weil die sozialistischen Länder nicht wirklich sozialistisch sind. Das heißt, man hat nicht den Sozialismus verwirklicht, der die Menschen ändert – wovon Marx träumte –, sondern man hat die Produktionsverhältnisse geändert. Aber wir erkennen heute immer mehr, dass die Änderung der Produktionsverhältnisse allein nicht ausreicht, um auch die Gesellschaft, den Menschen zu ändern. Folglich sind in den sozialistischen Ländern, trotz des unterschiedlichen ökonomischen Systems, Männern und Frauen die traditionellen Rollen zugewiesen geblieben. Das hängt damit zusammen, dass die Männer in unseren Gesellschaften das, was ich einen Überlegenheitskomplex nenne, also die Vorstellung von ihrer Überlegenheit, verinnerlicht haben. Sie sind nicht bereit, ihn aufzugeben. Sie brauchen die Unterlegenheit der Frau, um sich selbst aufzuwerten. Und die Frauen selbst sind so daran gewöhnt, sich für minderwertig zu halten, dass nur ganz wenige wagen, auf dieser Ebene zu kämpfen.

Über den Begriff »Feminismus« gibt es viele Missverständnisse. Wie ist Ihre Definition?

Ich erinnere mich, dass ich am Ende des *Anderen Geschlechts* sagte, ich sei Anti-Feministin, denn ich dachte, dass die Probleme der Frauen sich in einer Entwicklung zum Sozialismus von selbst lösen würden. Feministen sind Frauen – oder auch sogar Männer –, die (vielleicht in Verbindung mit dem Klassenkampf, aber doch außerhalb) für die Frau kämpfen, ohne die erstrebte Veränderung unbedingt von der Gesamtgesellschaft abhängig zu machen. In diesem Sinne bin ich heute Feministin. Denn ich habe eingesehen, dass der Kampf auf der politischen Ebene nicht so schnell zum Ziel führt. Wir müssen also für die konkrete Situation der Frau kämpfen, bevor der erträumte Sozialismus kommt. Außerdem habe ich eingesehen, dass selbst in den sozialistischen Ländern die Gleichberechtigung zwischen Mann und Frau nicht eingetreten ist. Darum bin ich heute in der Bewegung zur Befreiung der Frauen aktiv.
Hinzu kommt – und das ist, glaube ich, für viele Frauen einer der Gründe, warum sie die Frauenbewegungen geschaffen haben –, dass selbst in den linken, ja sogar in den revolutionären Gruppen und Organisationen eine tiefe Ungleichheit zwischen Mann und Frau besteht. Die niedrigsten, langweiligsten und bescheidensten Arbeiten wurden immer noch von Frauen gemacht, und die Männer führten immer noch das Wort, sie schrieben die Artikel, sie machten alle interessanten Dinge und übernahmen die größten Verantwortungen. Selbst innerhalb dieser Gruppen also, die im Prinzip dazu da sind, alle zu befreien – auch die Frauen und die Jugend –, selbst da blieb die Frau minderwertig. Es ist also unbedingt notwendig, dass die Frauen selbst ihr Schicksal in die Hand nehmen.

Was halten Sie ganz allgemein vom Neuen Feminismus? Von diesen kämpferischen jungen Frauen, die radikaler sind als je zuvor?

Sie wissen, dass es in den Frauenbewegungen – vor allem in Amerika, wo sie am weitesten fortgeschritten sind – einen weit gespannten Fächer von Tendenzen gibt. Das geht von Betty Friedan, die ziemlich konservativ ist, bis zum SCUM, der für die Entmannung aller Männer ist. In Frankreich gibt es innerhalb der Bewegung ebenfalls mehrere Tendenzen, und meine wäre eben die, die versucht, die Emanzipation der Frau mit dem Klassenkampf zu verbinden. Ich denke also, dass der spezifische Kampf der Frauen doch auch mit dem, den die Männer führen müssen, verbunden ist, und lehne die totale Verstoßung der Männer ab.

Was halten Sie dann – im augenblicklichen Stadium der Auseinandersetzung – vom Ausschluss der Männer aus der kollektiven Frauenarbeit, wie es ja bei der Mehrheit der Frauenbewegungen und auch in Frankreich der Fall ist?

Ja, da bin ich dafür. Ich bin für den Ausschluss der Männer, bis zu einem gewissen Punkt. Das ist, wie Sie es gerade sagten, eine Frage des Stadiums. Es gibt dafür mehrere Gründe: Zunächst einmal muss man damit rechnen, dass die Männer auch in diesen Gruppen sich die männlichen Reflexe nicht verkneifen könnten, dass sie sprechen und kommandieren würden. Andererseits haben viele Frauen – was immer sie auch sagen, und oft wissen sie es auch – ein gewisses Gefühl der Minderwertigkeit, eine gewisse Schüchternheit. Wenn Männer da sind, würden viele es nicht wagen, so frei zu sprechen, wie sie es tun, wenn sie unter sich sind. Besonders wichtig ist es, dass die Frauen innerhalb ihrer Gruppen

nicht auf ihren Mann oder Freund stoßen, auf niemanden, an den sie zu sehr gebunden sind, weil sie sich ja gerade auch von ihm befreien müssen.
Im Augenblick erlaubt weder die Mentalität der Männer noch die der Frauen eine wirklich ehrliche Diskussion in einer gemischten Gruppe.

Ist der Ausschluss der Männer für Sie nur eine praktische Frage, weil die Frauen gehemmter wären usw.? Oder ist er auch eine politische Frage? Weil – so argumentieren die Feministinnen – der Mann nicht nur das die Frau ausbeutende System geschaffen hat und es repräsentiert, sondern weil er von der Unterdrückung der Frau auch individuell profitiert und darum, in einer ersten Etappe, Feind Nummer eins ist.

Ja, sicher, aber das ist nicht so einfach. Da trifft zu, was Marx über die Kapitalisten sagte: Auch sie sind Opfer. Selbstverständlich ist es zu abstrakt zu sagen, wie ich es eine Zeit lang getan habe, dass man nur gegen das System angehen müsse. Man muss als Frau selbstverständlich gegen die Männer angehen. Schließlich ist man nicht ungestraft Komplize und Profiteur eines Systems, selbst wenn man es nicht geschaffen hat, selbst wenn es nicht von den Männern von heute gemacht worden ist. Ein Mann von dreißig, zum Beispiel, hat diese patriarchalische Welt nicht eingerichtet, aber er profitiert in einer gewissen Weise, selbst wenn er zu denen gehört, die nicht profitieren wollen. Er tut es trotzdem, denn er hat sicherlich eine Menge Dinge verinnerlicht. Folglich muss man einmal gegen das System angehen und zum zweiten den Männern, wenn schon nicht feindlich, so doch mindestens misstrauisch gegenüberstehen. Die Frauen müssen also gleich das System und die Männer angreifen.

Wenn ein Mann Feminist ist, ist es nicht ganz dasselbe. Trotzdem sollte man ein gewisses Misstrauen beibehalten, sich vor dem Paternalismus hüten. Die Frauen wollen nicht, dass man ihnen Freiheit und Gleichheit gewährt, sondern sie wollen sie erlangen. Das ist ganz und gar nicht dasselbe.

Finden Sie es politisch richtig, dass ein begrenzter Teil der Frauen weiter, nämlich bis zum Männerhass, geht?

Vielleicht. Vielleicht ist es nicht schlecht, dass einige Frauen wirklich ganz, ganz radikal sind und den Mann total ablehnen. Diese Frauen könnten die mitreißen, die aufgrund mangelnder persönlicher Motivation zu Kompromissen mit den Männern bereit wären. Das ist sehr gut möglich.

In den meisten Frauenbewegungen gibt es eine homosexuelle Fraktion – die übrigens in keiner Weise eine Mehrheit ist, wie man so oft hört, sondern eine Minderheit, die jedoch wichtige Impulse gibt. Glauben Sie, dass die weibliche Homosexualität – also die radikalste Form des Ausschlusses des Mannes – eine politische Waffe in der augenblicklichen Phase sein kann?

Darüber habe ich noch nicht nachgedacht. Ich denke, dass es im Prinzip sehr gut ist, dass einige Frauen sehr radikal sind. Aber wenn sie die Homosexualität zu sehr herausstellen und bei den Heterosexuellen fast eine Art Propaganda machen, ihnen die verschiedenen Arten, sich die Männer zu verkneifen, erklären, das scheint mir nicht sehr geschickt zu sein in Bezug auf die Einigkeit mit den Heterosexuellen. Aber ich halte es in der Tat für gut, dass es die homosexuellen Frauen gibt.

Die homosexuellen Frauen nehmen für sich in Anspruch, die sexuellen Beziehungen zum Mann auszuschließen, weil sie unter den augenblicklichen Umständen zwangsläufig repressiv seien …

Ist eine sexuelle Beziehung zwischen Mann und Frau immer repressiv? Könnte man nicht dahingehend arbeiten, dass man nicht diese Beziehung verweigert, sondern sie ändert? Es schockiert mich, wenn man mir erklärt, jeder Koitus sei eine Vergewaltigung. Das kann ich einfach nicht glauben, das fühle ich nicht. Wenn man sagt, jeder Koitus sei eine Vergewaltigung, übernimmt man im Grunde wieder die männlichen Mythen. Das hieße, dass der männliche Sex wirklich ein Schwert ist, eine Waffe. Ich denke, eine Zivilisation, die Männern und Frauen gerecht wird, sollte sexuelle Beziehungen finden, die nicht repressiv sind.

In einem Kommentar über *Das andere Geschlecht* haben Sie gesagt, die Tatsache, dass Sie eine Frau sind, habe Sie persönlich nie betroffen, Sie hätten sich »in der Position einer großen Unvoreingenommenheit« befunden. Wollen Sie damit sagen, dass eine Frau individuell ihrer Geschlechtsrolle entkommen kann? Beruflich wie auch in ihren Beziehungen zu ihren Mitmenschen?

Seiner Geschlechtsrolle ganz entgehen? Nein! Warum denn auch? Ich habe den Körper einer Frau – aber es ist klar, dass ich sehr viel Glück gehabt habe. Ich bin so weit wie möglich der Knechtschaft der Frau entgangen, das heißt vor allem der Mutterschaft und den Hausfrauenpflichten. Auch beruflich war ich als Philosophie-Professorin in einer Zeit, in der sehr viel weniger Frauen als heute studierten, eine Privilegierte unter den Frauen. Und da es nur sehr wenige gab, waren die Männer auch viel eher bereit, eine Frau, die etwas erreicht hatte, freundschaftlich anzuerkennen. Heute, wo Frauen häufiger Erfolg haben, müssen die Männer um ihren Platz fürchten. Wenn man aber, wie ich, zugesteht, dass eine Frau nicht unbedingt Mutter und Ehefrau sein muss, um ein erfülltes und glückliches Leben zu haben, dann gibt es eine gewisse Anzahl von Frauen, die nicht unter der Knechtschaft der Frau leiden müssen. Natürlich müssen sie als Privilegierte geboren sein oder gewisse intellektuelle Fähigkeiten haben.

Sie haben einmal gesagt, »der größte Erfolg meines Lebens ist meine Beziehung zu Sartre« …

Ja, ja …

… aber Sie waren auch Ihr ganzes Leben lang sehr um Ihre Unabhängigkeit besorgt. Glauben Sie – in Anbetracht dessen, dass gleichberechtigte Beziehungen heute zwischen Mann und Frau sehr schwierig sind –, glauben Sie, Ihr persönliches Problem gelöst zu haben?

Ja, ich persönlich habe es gelöst. Ganz sicher. Wenn ich allerdings so um mich schaue … Ja, es gibt doch einige, die der Unterdrückung durch den Mann entgangen sind. Meist sind es die, die beruflich erfolgreich sind. Vielleicht ohne eine wirklich glückliche und ausgeglichene Beziehung zu einem bestimmten Mann zu haben. Aber wenn ich selbst Sartre nicht kennengelernt hätte, dann hätte ich vielleicht auch mehrere Geschichten in meinem Leben gehabt. Ich hätte das wahrscheinlich nicht als so glücklich empfunden wie das geführte Leben, aber immerhin doch annehmbar.

Einige Frauenbewegungen definieren heute, ausgehend von der ausschließlich von Frauen geleisteten Gratis-

Hausarbeit, die keinen Tauschwert besitzt, die Frauen als »Klasse«, als Klasse außerhalb der bereits definierten Klassen. Für sie ist damit die patriarchalische Unterdrückung ein Haupt- und kein Nebenwiderspruch. Sind Sie mit dieser Analyse einverstanden?

Ich finde die Analysen zu diesem Punkt unzureichend. Ich habe im *Anderen Geschlecht* geschrieben, die Frauen seien eine »niedere Kaste«, eine Kaste nennt man eine Gruppe, aus der man nicht herauskann. Aus einer Klasse jedoch kann man im Prinzip in eine andere überwechseln. Wenn man eine Frau ist, wird man niemals Mann. Frauen sind also eine wirkliche Kaste. Und die Art und Weise, in der man Frauen wirtschaftlich, sozial und politisch behandelt, machen aus ihnen eine »niedere Kaste«.
Welcher Zusammenhang besteht zwischen der patriarchalischen Unterdrückung und der kapitalistischen? Im Augenblick habe ich noch keine Antwort. Das ist ein Problem, an dem ich sehr gern in den kommenden Jahren arbeiten würde. Das interessiert mich sehr. Die Analysen, die aus der patriarchalischen Unterdrückung etwas der kapitalistischen Entsprechendes machen, finde ich nicht richtig. Sicher, der Frau wird das Produkt ihrer Arbeit genommen, oder, besser gesagt: Ihre Arbeit produziert keinen Mehrwert. Das ist also eine andere Kondition als die des Arbeiters, dem man den Mehrwert seiner Arbeit stiehlt. Aber diese Frage ist tatsächlich elementar, die gesamte Taktik der Frauen hängt von ihr ab. Es ist sehr richtig, die Betonung auf die Verweigerung der nicht bezahlten Hausarbeit zu legen, die eine Ausbeutung darstellt. Aber es gibt auch Frauen, die unabhängig sind und selbst ihr Leben verdienen. Sie werden nicht auf die gleiche Art ausgebeutet wie eine Hausfrau ...

… aber sie arbeiten auch außer Haus für weniger als der Mann …

Ja. Die Löhne sind nicht die gleichen. Das stimmt. Aber die Ausbeutung der Hausarbeit und die der Lohnarbeit sind nicht dasselbe. Dieser Punkt zum Beispiel wird weder bei Kate Millett noch bei Germaine Greer, noch bei Firestone ausreichend beachtet … Firestone allerdings, die weniger bekannt ist, bringt in ihrer *Dialectic of Sex* etwas Neues, nämlich die Forderungen für die Kinder. Sie verbindet die Befreiung der Frauen mit der Befreiung der Kinder. Das ist richtig. Die Frauen werden erst befreit sein, wenn auch die Kinder von den Erwachsenen befreit sind. Ich habe nie davon gesprochen, weil ich nie daran gedacht habe.

Sie sind auch im Klassenkampf engagiert – seit dem Mai 1968 sogar sehr aktiv. Sie haben zum Beispiel die Verantwortung für eine linksradikale Zeitschrift übernommen. Welche Beziehungen bestehen zwischen Klassenkampf und Geschlechterkampf?

Alles, was ich feststellen konnte, war, dass der Klassenkampf im eigentlichen Sinne die Frauen nicht emanzipiert. Das hat mich meine Meinung seit Erscheinen des *Anderen Geschlechts* ändern lassen. Ob es sich um Kommunisten, Trotzkisten oder Maoisten handelt, die Frau ist immer dem Mann untergeordnet. Folglich bin ich von der Notwendigkeit überzeugt, dass Frauen ihre Probleme in ihre eigenen Hände nehmen müssen. Um nun die Beziehung zwischen der Ausbeutung des Arbeiters und der Ausbeutung der Frau zu finden, bedarf es einer ernsthaften Analyse. Ich bin sicher, dass die Ausmerzung des Kapitalismus bessere Bedingungen schaffen würde für die Emanzipation der Frau – aber das heißt noch nicht, sie bereits erlangt zu haben. Den

Kapitalismus ausmerzen heißt nicht das Patriarchat ausmerzen – solange man die Familie unangetastet lässt. Ich glaube, dass man nicht nur die Besitzverhältnisse, sondern auch die Struktur der Familie ändern muss. Selbst in China hat man zwar die patriarchalische, besser gesagt: die feudale Familie abgeschafft und so eine Änderung der Lage der Frau erreicht. Das aber nur durch die Akzeptierung der Kernfamilie, die in Wahrheit das Erbe der feudalen Familie ist. Darum bin ich gar nicht sicher, dass die Frauen in China befreit sind. Ich denke, dass man die Familie abschaffen muss. Ich bin ganz und gar einverstanden mit den von Frauen und manchmal auch von Männern gemachten Versuchen, die Familie durch Kommunen oder andere noch zu schaffende Formen zu ersetzen.

Könnte man also sagen, dass der Klassenkampf zwar nicht unbedingt die Frauen befreit, dass aber umgekehrt der radikale Feminismus die Klassen zerstören würde?

Wenn man damit anfängt, die Familien und die entsprechenden Strukturen zu zerschlagen, dann besteht die Möglichkeit, dass gleichzeitig auch der Kapitalismus ins Wanken kommt. Aber ich möchte mich nicht zu sehr nach vorne wagen, ohne ausreichend darüber nachgedacht zu haben, in welchem Ausmaß eine Zerstörung der patriarchalischen Gesellschaft durch die Frauen alle Aspekte des Kapitalismus und der Technokratie treffen könnte. Doch wenn der Feminismus ganz radikale Forderungen hat und wenn er es schafft, sie durchzusetzen, dann wird er das System bedrohen.

Nach Erscheinen des *Anderen Geschlechts* hat man Ihnen oft vorgeworfen, bei der Analyse stehen geblieben zu sein und keine Taktik für die Befreiung der Frauen entwickelt zu haben.

Das stimmt. Ich gebe zu, dass das in meinem Buch zu kurz kommt. Ich höre mit einem vagen Vertrauen in die Zukunft, in die Revolution und in die Sozialisten auf.

Welche konkreten Möglichkeiten sehen Sie zur Befreiung der Frauen? Individuell und kollektiv?

Als Allererstes müssen die Frauen außer Haus arbeiten. Als Zweites, wenn möglich, die Heirat verweigern. Ich hätte ja auch Sartre heiraten können, aber ich glaube, dass wir klug waren, es nicht getan zu haben. Denn wenn man verheiratet ist, dann behandeln die Leute einen auch als verheiratet, und zum Schluss hält man sich selbst für verheiratet. Man hat als Verheiratete durchaus nicht dieselben Beziehungen zur Gesellschaft wie eine Nicht-Verheiratete. Die Heirat ist gefährlich für die Frau. Das heißt, es kann Gründe geben: Wenn man Kinder haben will, ist es immer noch sehr schwierig, wenn die Eltern nicht verheiratet sind, denn Kinder haben dann sehr viel Schwierigkeiten im Leben. Aber meiner Meinung nach ist es besser, es nicht zu tun.
Was aber vor allem zählt, wenn man wirklich unabhängig sein will, das ist ein Beruf, das ist die Arbeit. Den Rat gebe ich allen Frauen, die mich fragen. Das ist die notwendige Voraussetzung, die ihnen erlaubt, sich scheiden zu lassen, wenn sie wollen. So können sie sich selbst und ihre Kinder ernähren, sie sind nicht abhängig und können ihr Leben realisieren. Das heißt, die Arbeit ist auch kein Wunderheilmittel. Ich weiß sehr gut, dass die vier Mark Stundenlohn einer Arbeiterin oder Putzfrau nicht gerade wirklich unabhängig machen. Ich weiß, dass heute die Arbeit nicht nur befreiend, sondern auch entfremdend ist. Folglich müssen Frauen oft zwischen zwei Entfremdungen wählen: der der Hausfrau und der der Berufstätigen. Trotzdem ist die Lohnarbeit die erste Voraussetzung zur Unabhängigkeit.

Und die bereits verheirateten Frauen und Mütter?

Es gibt Frauen, die haben keine Chance mehr. Wenn sie schon fünfunddreißig sind, vier Kinder auf dem Buckel haben und verheiratet sind und ohne Beruf – dann sehe ich nicht, was da noch zu machen wäre. Man kann von einer aussichtsreichen Befreiung nur für die kommenden Generationen, für die Jugend und einige Privilegierte reden!

Kann eine Frau, die sich emanzipieren will, auf der individuellen Ebene bleiben, oder muss sie kollektiv agieren?

Sie muss kollektiv agieren. Man muss immer kollektiv handeln. Ich selbst habe es bisher nicht getan, weil es keine organisierte Bewegung gab, mit der ich einverstanden war. Aber in einer gewissen Weise war *Das andere Geschlecht* ein Akt, der über meine eigene Befreiung hinausging. Denn ich führte ja das Leben, das ich wollte.

Wie beurteilen Sie ganz allgemein die Entwicklung der existierenden Frauenbewegungen?

Ich denke, dass sie Fortschritte machen werden. Aber es wird nicht einfach sein. Denn da ist der Wunsch, den Männern zu gefallen, diese ganze Feminität eben. Das ist dermaßen verbreitet bei den Frauen. In Frankreich wie überall sind viele Frauen sehr konservativ, sehr weiblich … Trotzdem denke ich, dass bei den heutigen Arbeitsbedingungen im Haushalt die Frauen ein wenig mehr Zeit zum Nachdenken haben werden und dass sie auch innerhalb des Kapitalismus einiges erreichen müssten. Was allerdings die außerhäusliche Arbeit angeht, da ist es sicher, dass man in einem kapitalistischen Land bei Arbeitslosigkeit der Männer den Frauen niemals Arbeit geben wird. Ich denke, dass die Frauenbewegungen so wirken könnten wie die Studentenbewegungen, die ja auch anfangs limitiert waren, aber dann beinahe alles in die Luft gesprengt hätten. Wenn sie in die Arbeitswelt eindringen, könnten sie das System wirklich in die Luft jagen.

Haben Sie die Vision einer Welt, in der die Frauen befreit sein werden?

Ich glaube nicht, dass etwas Besonderes von der Weiblichkeit zu erwarten ist. Trotz allem ist es doch eine Assimilierung, die wir anstreben, und nicht die Entwicklung spezifisch weiblicher Qualitäten. Ich glaube nicht, dass die Frauen, wenn sie die Gleichberechtigung erreicht haben, etwas ganz besonders Interessantes, Poetisches, eben weibliche Werte entwickeln. Es ist eine Tatsache, dass die universale Kultur, die Zivilisation und die Werte alle von Männern geschaffen wurden. Doch genau wie das Proletariat ablehnt, dass die Bourgeoisie die universale Klasse sei, ohne aber alle bourgeoisen Werte abzulehnen, sondern sie sich aneignet, genauso sollten die Frauen in Gleichheit mit den Männern sich die von Männern geschaffenen Werte aneignen, statt sie abzulehnen. Beim Schaffen der universalen Werte haben ihnen die Männer sehr oft ihre eigene, virile Note gegeben. Sie haben beides – Universalität und Männlichkeit – auf eine sehr tückische und subtile Art und Weise vermischt. Es handelt sich also darum, das eine vom anderen zu trennen, die Trübung zu entfernen. Das ist möglich, und das ist eine der Aufgaben, die die Frauen haben. Aber was heißt das denn letzten Endes: das männliche Modell ablehnen? Wenn eine Frau Karate lernt, dann ist das doch männlich. Und ich finde gut, dass sie es tut. Man darf die Welt der Männer nicht ablehnen, denn sie ist gleichzeitig die Welt überhaupt. Und schließlich auch unsere Welt. Die

Frau wird, ebenso wie der Mann, etwas schaffen, das so anders und so neu ist wie das der anderen Männer. Aber ich denke nicht, dass sie neue Werte schaffen wird. Wenn man das glaubt, dann glaubt man an eine weibliche Natur – wogegen ich mich immer gewehrt habe. All diese Konzepte muss man vom Tisch fegen.

Sind Sie für die Gewalt bei der Befreiung der Frau?

So wie die Situation heute ist, ja. Bis zu einem gewissen Punkt. Da sich die Männer den Frauen gegenüber der Gewalt bedienen – in ihrer Sprache wie auch in ihren Gesten, mit ihren Vergewaltigungen, Beleidigungen und Ohrfeigen –, darum sollten auch die Frauen sich mit Gewalt verteidigen.

Sie zählen sich heute zu den militanten Feministinnen, und Sie haben sich in der aktiven Auseinandersetzung engagiert. Was beabsichtigen Sie in der nächsten Zeit zu unternehmen?

Ich habe gemeinsam mit der Bewegung zur Befreiung der Frauen in Frankreich ein Projekt. Wir wollen eine Art öffentliches Hearing veranstalten, Tage der Information und Denunzierung der Verbrechen gegen die Frauen. Die beiden ersten Tage werden am 19. und 20. Februar in der Pariser Halle Mutualité stattfinden und von der Mutterschaft, der Abtreibung und der Verhütung handeln. Es wird eine Art Untersuchungskommission geben, die sich nur aus Frauen zusammensetzt. Sie wollen selbst authentische Gründe haben, die Abschaffung des Abtreibungsparagraphen zu fordern. Sie werden, zusammen mit den Frauen und Männern, die an dieser Veranstaltung teilnehmen, die Zeugen hören. Unter den Zeugen werden auch Männer sein, vor allem aber Frauen, die selbst abgetrieben haben. Wir werden auch Mütter hören, die darlegen, welche Hölle ihr Leben in einer Gesellschaft ist, in der Gesellschaft und Männer der Frau allein alle Verantwortung für die Kinder aufladen. Wir werden auch Biologen hören, Soziologen, eine Menge Leute, die es uns möglich machen zu begründen, warum wir die freie Abtreibung fordern.

Der Kampf der Frauenbefreiungsbewegungen wird oft mit dem Kampf für eine freie Abtreibung verbunden. Wollen Sie persönlich über dieses Stadium auch hinausgehen?

Selbstverständlich. Ich denke, dass ich mit der Frauenbewegung noch an sehr vielen Dingen arbeiten werde. Die freie Abtreibung ist wichtig, sehr wichtig, aber sie ist nicht mehr als eine Voraussetzung für die Befreiung der Frau.

Mit Sartre in der Coupole

»SARTRE UND ICH – DAS IST EINE OSMOSE.«

Das Idol-Paar einer Epoche, Beauvoir und Sartre, stellt sich 1973 in Rom zum ersten und einzigen Mal einem gemeinsamen Gespräch über ihre Beziehung und deren Spielregeln.

Zunächst zwei Zitate von Ihnen, Simone. Sie haben geschrieben: »Mein wichtigstes Werk ist mein Leben« und »Das hervorragendste Erlebnis meines Lebens ist die Begegnung mit Sartre«. Sie sind nun schon vierzig Jahre ein Paar, aber Sie haben dabei versucht, nicht so zu leben wie die anderen, Dinge wie Besitz, Eifersucht, Treue, Monogamie zu überwinden. Von vielen sind Sie wegen Ihrer Lebensweise kritisiert worden, viele haben versucht, Ihnen nachzueifern. Bewusst oder nicht sind Sie so etwas wie ein Ideal geworden, ein Vorbild für viele Paare, vor allem für Frauen. Sie haben sich nach Ihrer Theorie, Ihrer Praxis, nach Ihrem Leben orientiert. In dieser Perspektive möchte ich Ihnen nun einige Fragen über Ihre persönlichen Beziehungen zueinander stellen. Als Erstes die Frage, ob die Tatsache, dass Sie nie zusammengewohnt haben, für Ihre Beziehung nicht wichtiger war als die Tatsache, dass Sie nie geheiratet haben.

Beauvoir: Unbedingt! Denn wenn das, was man eine freie Verbindung nennt, unter den gleichen Bedingungen abläuft wie eine Ehe – wenn man also einen gemeinsamen Haushalt hat, wo regelmäßig gegessen wird –, wird die Frau trotz allem die Frauenrolle spielen. Da gibt's zu einer Ehe kaum einen Unterschied. Wir hingegen haben eine sehr flexible Lebensweise, die uns manchmal erlaubt hat, unter demselben Dach zu leben, ohne ganz zusammen zu sein. Zum Beispiel, als wir sehr jung waren, da lebten wir im Hotelzimmer, aßen im Restaurant, manchmal zusammen, manchmal mit Freunden, und verbrachten auch die Ferien oft zusammen, aber eben nicht immer, meist nur zum Teil: Ich mache zum Beispiel gern Fußwanderungen, Sartre nicht; also ging ich allein los, und er war in der Zeit mit Freunden zusammen. Diese Art von Freiheit, die wir im Alltag aufrechterhalten haben, ist wichtig und hat verhindert, dass sich zwischen uns die lähmende Seite der Ehe breitmachte. Ich glaube, dass das wichtiger war als die Tatsache, dass wir nicht verheiratet sind.

Sie haben sich dafür entschieden, nicht zusammenzuwohnen. Ist es nicht auch so, dass ein solches Modell leichter von Leuten praktiziert werden kann, die materiell privilegiert sind?

Sartre: Ich glaube, ja.

Beauvoir: Wir waren zwar nicht sehr reich, aber jeder von uns bekam ein Lehrergehalt und konnte sich also ein kleines Hotelzimmer leisten. Aber wenn man nicht viel verdient, ist es sehr schwierig, solche Kosten aufzubringen. Die Idee, nicht zusammenzuwohnen, kam daher, dass wir beide uns nicht mit einem Haus belasten wollten. Wir lebten im Hotel. Ich konnte mir überhaupt nicht vorstellen, eine Wohnung zu haben. Damals wollten wir nicht nur nicht zusammenwohnen, sondern sozusagen überhaupt nicht wohnen.

Aber es gab doch eine Zeit, wo Sie zusammen im selben Hotel gewohnt haben?

Beauvoir: O ja.

Sartre: O ja.

Beauvoir: Sogar sehr oft, fast immer haben wir im selben Hotel gewohnt, manchmal auf verschiedenen Stockwerken, manchmal auf demselben Flur, im selben Hotel. Aber dennoch bedeutete das eine große Unabhängigkeit.

Nach der Lektüre Ihrer Memoiren frage ich mich, ob Sie die Monogamie wirklich infrage stellen wollten oder ob Sie nicht viel mehr beide ihrer gegenseitigen Beziehung eine absolute Priorität eingeräumt haben, die alle dritten Personen auf eine sekundäre Rolle reduzierte.

Beauvoir: Ja, das stimmt wohl.

Sartre: Ja, da ist was dran. Das ist es, was mich in Widersprüche zu anderen Frauen brachte. Denn sie wollten die Hauptrolle.

Beauvoir: Das heißt, dritte Personen, in Sartres Leben wie in meinem, wussten von Anfang an, dass es da eine Beziehung gab, welche diejenige, die man mit ihnen hatte, erdrücken würde. Das war oft nicht sehr angenehm für sie. Unsere Beziehung ging wirklich ein wenig auf Kosten dieser Dritten. Also ist diese Beziehung durchaus zu kritisieren, denn sie schloss ja manchmal ein, dass man sich den Leuten gegenüber nicht sehr korrekt benahm.

Es geschah also auf dem Rücken der anderen?

Beauvoir: Ja, genau.

Und die Entscheidung – wenn es eine gab –, kein Kind zu haben? Oder war das ganz selbstverständlich für Sie beide?

Beauvoir: Für mich war das ganz selbstverständlich. Nicht etwa, weil ich Kinder verabscheut hätte ... Als ich noch sehr jung war und daran dachte, eine bürgerliche Ehe mit meinem Cousin Jacques einzugehen, hätte das auch Kinder bedeutet. Aber meine Beziehung zu Sartre war solcher Art – auf einer intellektuellen Basis und nicht auf einer institutionellen, familiären oder was auch immer –, dass ich nie den Wunsch nach einem Kind hatte. Ich hatte keine große Lust, eine Reproduktion von Sartre zu haben – mir genügt er selbst! –, und auch keine Lust, eine Reproduktion von mir zu haben: Ich genügte mir. Ich weiß nicht – hat die Frage sich für Sie gestellt, Sartre?

Sartre: Ich dachte nicht daran, ein Kind zu haben, als ich jung war.

Aber heute haben Sie eine Tochter adoptiert?

Sartre: Jetzt ist das etwas ganz anderes, ein freiwilliges Verhältnis. Es ist weniger eine Tochter ... ich habe sie eher adoptiert, um ihr und auch mir einen Gefallen zu tun.

Beauvoir: Es war eher so, dass es ihr Freude machte, irgendeine väterliche Beziehung zu haben, denn sie war nicht sehr glücklich gewesen in ihrer Familie. Sie wollte einfach einen anderen Vater haben. Aber in erster Linie ist sie jemand Ausgewähltes, als Erwachsener ausgewählt ... Wie alt war sie, als Sie sie adoptiert haben?

Sartre: Achtundzwanzig oder sechsundzwanzig Jahre.

Und für Sie ist das nicht so etwas wie ein Vaterschaftsersatz?

Sartre: Nein, eher eine soziale Vaterschaft, wenn Sie so wollen, das heißt, das verschaffte mir gewisse Rechte, die ihr das Leben leichter machten. Für mich war das keine Familiensache.

Beauvoir: Es kam auch etwas ganz Praktisches hinzu, denn Sartre wollte sehr gern jemanden haben, der legal erben könnte, nicht so sehr das Geld, das ist ganz unwichtig, sondern die Rechte am Werk. Denn es ist sehr unangenehm, sein intellektuelles Erbe in den Händen von entfernten Vettern oder Leuten zu wissen, die darüber bestimmen werden, ohne die mindeste Affinität dazu zu haben. Und da war eine ausgesuchte Person, die viel jünger ist und also große Chancen hat zu überleben, auch so etwas wie eine praktische Vorsichtsmaßnahme.

Es heißt oft, dass man einen solchen Entschluss später, zu spät, bereut. Vor allem von Frauen sagt man das. Gab es in Ihrem Leben solche Momente, Simone?

Beauvoir: Überhaupt nicht! Niemals habe ich es bereut, kein Kind zu haben. Denn ich hatte sehr viel Glück, nicht nur in meiner Beziehung mit Sartre, sondern auch in meinen Freundschaften. Ganz im Gegenteil, wenn ich die Beziehung der Frauen, die ich kenne, mit ihren Kindern sehe, vor allem mit den Mädchen, wirklich, das erscheint mir oft grässlich. Ich bin glücklich, dem entkommen zu sein.

Wie sind eigentlich Ihre Spielregeln als Paar? Sagen Sie sich zum Beispiel immer die Wahrheit?

Sartre: Ich habe das Gefühl, dass ich immer die Wahrheit sagte, aber ich habe es spontan getan. Es war nicht nötig, mir Fragen zu stellen. Man sagt sie nicht immer gleich. Vielleicht acht, vierzehn Tage später. Aber man sagt sie, immer, alles. Ich zumindest! Und sie ...

Beauvoir: Ich auch. Ich auch. Aber ich denke, daraus kann man keine Regel machen. Für uns war diese Klarheit praktisch, wir sind Intellektuelle und wissen sehr genau – wie Sartre gesagt hat –, ob man es heute sagen muss oder acht Tage später, ob man taktieren muss und so weiter ... Aber man kann nicht allen Paaren raten, sich immer brutal die Wahrheit zu sagen. Manchmal gibt es sogar eine Art, mit der Wahrheit umzugehen, die zur aggressiven Waffe wird – Männer machen das oft. Sie betrügen nicht nur ihre Frau, es macht ihnen auch noch Spaß, es ihr zu sagen, mehr, um sich selbst zu gefallen, als wegen der klaren Beziehung mit den anderen. Ich würde aus der Wahrheit nicht einen Wert an sich machen. Es ist ein Glück, wenn man sich alles sagen kann, aber es ist kein Wert an sich.

Für viele Menschen sind Sie die Begleiterin von Sartre, Sartre war niemals der Begleiter von Beauvoir. Hat diese Diskriminierung Ihre Beziehung beeinflusst? Hat es Sie geärgert, gestört, belastet?

Beauvoir: Meine Beziehung zu Sartre hat das überhaupt nicht beeinflusst, es war ja nicht seine Schuld. Es hat mich auch nicht zu sehr behindert, da ich ja mit dem, was ich schrieb, eine gewisse persönliche Anerkennung hatte, auch ganz persönliche Beziehungen zu Frauen oder Lesern.

Manchmal hat es mich natürlich geärgert, wenn ich in einer Kritik las, ich hätte wohl niemals eine Zeile geschrieben, wenn ich Sartre nicht getroffen hätte; oder es sei Sartre gewesen, der meine literarische Karriere gemacht hat; oder sogar – wie einige gesagt haben –, Sartre hätte meine Bücher geschrieben.

Wie haben Sie, Sartre, auf solche Verleumdungen reagiert?

Sartre: Ich fand es vor allem lächerlich. Ich habe nie protestiert, denn das waren ja nur Gerüchte und keine wirklich ernst zu nehmenden Artikel. Mir persönlich war das egal – nicht etwa weil ich ein Mann bin, der sich seiner Männlichkeit so bewusst ist, sondern weil das nichts bedeutet, weil es Gerede war. Zwischen uns hat das nie als Angst oder Bedrohung existiert.

Ich möchte Ihnen eine banale Frage stellen, die mir jedoch wichtig erscheint, nämlich über die praktische Seite Ihrer Beziehung. Zwischen Paaren spielt oft das Geld eine große Rolle, materielle Fragen haben sehr viel Gewicht. Hat Geld zwischen Ihnen eine Rolle gespielt?

Sartre: Zwischen uns nicht. Das heißt, das Geld war für jeden von uns wichtig, für uns beide, manchmal auch für uns beide zusammen, denn man muss leben. Aber das war zwischen uns nie ein Problem, es hat unsere Beziehung nicht beeinflusst. Wir hatten Geld, oder derjenige, der welches hatte, teilte es. Entweder man teilte es, oder man lebte getrennt, je nachdem.

Beauvoir: Als wir jung waren, hatte Sartre eine winzige Erbschaft von seiner Großmutter, und ich hatte überhaupt keine Skrupel, dass er sie verwendete, damit wir zusammen verreisen konnten. Wir hatten nie besonders strenge Regeln. Es gab Zeiten, wo ich Sartre buchstäblich auf der Tasche lag, zwei oder drei Jahre lang, nach dem Krieg, denn ich wollte schreiben – ich glaube, *Das andere Geschlecht*. Wenn ich einen Beruf ergriffen hätte – aus dem Schuldienst war ich ausgetreten –, hätte ich nicht schreiben können. Und damals hatte er viel Geld. Das hat mich nicht bedrückt. Vor ein paar Jahren war er einmal schlecht dran, und da habe ich ihm ausgeholfen. Da gibt es also keine Probleme, das Geld des einen gehört auch dem anderen – auch wenn wir getrennte Kassen haben, über die wir keine Rechenschaft ablegen. Ich mache mit meinem Geld, was ich will, und er dasselbe mit seinem.

Wenn man so enge Beziehungen hat wie Sie, beeinflusst man einander. Können Sie, Jean-Paul Sartre, oder Sie, Simone, sagen, in welchen Punkten Sie einander beeinflusst haben?

Sartre: Ich würde sagen, wir haben uns total beeinflusst.

Beauvoir: Im Gegenteil, ich meine, das ist kein Einfluss, sondern eine Art Osmose.

Sartre: Wenn Sie so wollen. Bei besonderen Fragen, das heißt nicht nur literarischen, sondern auch in Lebensfragen, ist es immer eine Entscheidung, die wir gemeinsam treffen, und jeder beeinflusst den anderen.

Beauvoir: Ja, genau das nenne ich eine Osmose. Die Entscheidungen werden gemeinsam getroffen, die Gedanken fast gemeinsam entwickelt. Und so gibt es Punkte, bei denen Sartre mich beeinflusst hat. Zum Beispiel hat er vor allem Philosophie gemacht, und seine philosophischen Gedanken habe ich übernommen, sie sind von ihm gekommen. Andere Dinge sind von mir gekommen, bestimmte Lebensweisen zum Beispiel, die Art, wie wir reisen. Die habe vor allem ich durchgesetzt, zum Beispiel als wir kein Geld hatten und das Reisen ein bisschen beschwerlich war unter diesen Umständen: Sartre reiste gern, aber er hätte nicht all die Opfer gebracht, die ich von ihm verlangte – draußen schlafen, zu Fuß gehen …

Wie haben Sie im Allgemeinen darauf reagiert? Haben Sie sich dagegen gewehrt, Sartre?

Sartre: Nein, ich tat, was getan werden musste.

Beauvoir: Oh, er hatte eine ganz besondere Art, sich zu wehren. Er hatte Fläschchen und Pillen, oder er wurde unpässlich … Aber im Allgemeinen hat er's dann doch getan … Und dann gab es noch etwas, nicht eigentlich ein Einfluss, ich meine unsere Gewohnheit, uns alles vorzulegen, was wir schreiben. Alles, was ich geschrieben habe, hat Sartre kritisiert, und fast alles, was er geschrieben hat, habe ich kritisiert. Und manchmal sind wir nicht ganz derselben Meinung. Bei manchen Büchern hat er mir gesagt: Ich glaube, das werden Sie nicht schaffen, lassen Sie es sein … Aber ich habe weitergemacht. Und als ich noch sehr jung war, sagte ich ihm: Ich glaube, Sie sollten sich besser mit Literatur als mit Philosophie befassen – und da hat er aber weitergemacht. Gott sei Dank! Jeder von uns ist unabhängig, trotz dieses Zusammenschlusses.

Ich bin ein wenig erstaunt, dass Sie sich siezen. Sie gehören beide – fünf Jahre nach dem Mai 68 – mehr oder weniger zu revolutionären Bewegungen, wo es üblich ist,

dass man sich duzt. Warum siezen Sie sich, und welche Bedeutung hat es heute für Sie, Sartre?

Sartre: Also, ich habe damit nicht angefangen: Es ist Simone de Beauvoir, die mich siezt. Ich habe es mir gefallen lassen und mich heute ganz gut daran gewöhnt. Ich könnte gar nicht mehr Du zu ihr sagen – sie hat das geschafft.

Beauvoir: Ja, mir ist es immer sehr schwergefallen, ich weiß nicht warum, Leute zu duzen. Dabei duzte ich meine Eltern, und das hätte mir eigentlich die Möglichkeit zum Du geben müssen. Meine beste Freundin Zaza duzte alle Freundinnen, aber mich siezte sie, weil ich sie siezte. Heute sieze ich meine beste Freundin Sylvie, ich sage fast zu allen Leuten Sie, außer zu ein, zwei Personen, die mir das Du aufgezwungen haben. Und ich sage Sie zu Sartre. Es ist klar, dass wir nicht nach 68, nach so vielen Jahren der Gewohnheit, plötzlich Revolutionäre spielen werden, indem wir uns duzen …

Glauben Sie heute, nach Ihrer langen Erfahrung, dass Sie so weit wie überhaupt möglich – ich sage nicht gänzlich – der herkömmlichen Beziehung zwischen Mann und Frau und dem entsprechenden Rollenverhalten entronnen sind?

Beauvoir: Ich glaube, bei der Lebensform, die wir gewählt haben, brauchte ich nicht oft die weibliche Rolle zu spielen. Nur einmal, erinnere ich mich; es war im Krieg, als sich jemand um die Lebensmittel, um Fahrkarten und so weiter kümmern, ein bisschen kochen musste. Und das habe natürlich ich getan, nicht Sartre. Denn er war völlig unfähig dazu, weil er ein Mann war. Aber ich habe noch sehr oft mit anderen Männern zu tun gehabt, besonders mit einem sehr guten Freund, er war ganz anders erzogen worden; er hat seinen Haushalt häufig selbst gemacht, und mit ihm habe ich in den Kriegsjahren, als es kaum etwas gab, oft Bohnen geschält, eingekauft und so weiter. Ich glaube also nicht, dass das an meiner Beziehung zu Sartre lag – sondern viel mehr an Sartres Unfähigkeit. Aber die kommt natürlich von seiner männlichen Erziehung, die ihn von sämtlichen Hausarbeiten ferngehalten hat. Ich glaube, er kann nur Spiegeleier machen.

Sartre: Ja, irgend so was.

Die Frauen, die es gerne sehen würden, dass es wenigstens eine emanzipierte Frau gibt, haben in Ihren Memoiren manchmal Sätze gefunden, die sie enttäuscht haben ... Als Sie zum Beispiel über Ihre Beziehung zu Olga sprachen, haben Sie gesagt: »Ich war verärgert« oder »gereizt« oder so ähnlich, »aber Sartre mochte sie sehr, und so habe ich mich bemüht, die Dinge auf seine Weise zu sehen, denn es war mir sehr wichtig, mich in allem mit Sartre zu vertragen«. Und ich erinnere mich an eine andere Episode, als Sie, Jean-Paul Sartre, aus dem Krieg zurückkamen und sagten: Simone, jetzt machen wir Politik! Und Sie schreiben: »Also machten wir Politik.«

Beauvoir: Ich glaube nicht, dass ich das gesagt habe, weil ich eine Frau bin. Denn viele meiner Freunde, die sehr verwirrt waren und nicht wussten, was tun, hatten dieselbe Reaktion wie ich und ließen sich überzeugen. Das ist gerade einer seiner Vorzüge. Er sieht immer Möglichkeiten – die dann manchmal unmöglich werden, aber er eröffnet immerhin diese Möglichkeiten. Und nicht nur ich, sondern fast alle unsere jüngeren oder auch gleichaltrigen Freunde sind ihm damals gefolgt. Und er hatte damals auch die Autorität von jemand, der im Gefangenenlager war. Es war also nicht so sehr die Frage der Beziehung zwischen Mann und Frau. Und zum ersten Satz: Ich hatte immer das Bedürfnis, mich in allen Punkten mit Sartre zu verstehen, ja, bei wichtigen Dingen, das war für mich immer notwendig. Ich weiß nicht, ob für Sie …

Sartre: Für mich auch, unbedingt …

Beauvoir: Ich glaube nicht, dass Sie eine große Distanz zwischen uns hingenommen hätten.

Hätten Sie denselben Satz sagen können?

Sartre: Ja, bestimmt.

Seit zwei Jahren, Simone, sind Sie mit der Frauenbewegung verbunden. Jetzt möchte ich die Gelegenheit nutzen und Sartre die Frage stellen: Was halten Sie heute vom autonomen Befreiungskampf der Frauen?

Sartre: Was verstehen Sie unter »autonom«?

Den politischen Kampf von Frauenorganisationen oder -gruppen unabhängig von den Männern.

Sartre: Was die Beziehung zwischen Frau und Mann angeht, da bin ich ganz und gar einverstanden mit Simone de Beauvoir. Aber was die Organisation ohne Männer angeht, habe ich mich oft gefragt, ob das nötig ist. Ich kann das im Augenblick nicht entscheiden, denn ich sehe, dass es für die Frauen notwendig ist. Ich frage mich jedoch, ob es die richtige Kampfform ist: ob nicht auch Formen wichtig sein könnten, die die Männer einbeziehen, die wie sie denken.

Beauvoir: Aber die Männer denken nie ganz wie die Frauen!

Sartre: Das sagen Sie mir immer wieder.

Beauvoir: Ja, genau.

Sartre: Sie sollten gleich zugeben, dass Sie in diesem Punkt kein Vertrauen in mich haben.

Beauvoir: Selbst Sie, der Sie theoretisch und ideologisch ganz und gar Verfechter der Frauenemanzipation sind, selbst Sie teilen trotz allem nicht, was die Frauen – und ich mit ihnen – ihre Frauen-Erfahrungen nennen. Es gibt Dinge, die können Sie nicht verstehen. Sylvie und ich, wir greifen Sie oft deswegen an, denn es gibt Dinge, die können Sie einfach nicht begreifen. Zum Beispiel, was Alice neulich sagte, dass sie nicht auf den Straßen von Rom spazieren gehen kann, ohne die ganze Zeit über Aggression zu verspüren – das gehört eben nicht zu Ihrer Erfahrung als Mann. Und als ich es Ihnen erzählt habe, da sagten Sie: »Was Sie mir da erzählen, berührt mich nicht sehr, denn ich habe mich Frauen gegenüber nie aggressiv verhalten.«

Das ist eine eher reaktionäre Antwort. Würden Sie auch sagen: »Es ist nicht schlimm, dass es Klassen gibt, weil ich, Sartre, einem Arbeiter noch nie ein Leid zugefügt habe«? So etwas würden Sie nie wagen!

Sartre: Aber das ist nicht ganz dasselbe …

Beauvoir: Trotzdem ist das gar nicht so weit hergeholt. Auch dem gutwilligsten Mann fällt es schwer, vor allem solchen aus Sartres Generation, denn ich kenne jüngere Leute, Fünfunddreißigjährige, die äußerst sensibel auf die

Aggression reagieren, die Frauen ihres Alters erleiden. Aber ich glaube, da gibt es noch etwas: Als ich jung war, war ich solchen Aggressionen nie so ausgesetzt. Die Männer haben sich wohl etwas verändert. Ich glaube, gerade die Emanzipation hat sie feindseliger gegenüber den Frauen gemacht als zuvor, sie sind aggressiver, aufdringlicher, ironischer, widerwärtiger als zu meiner Zeit.

Sartre, Sie haben gesagt, dass Sie mit Simone de Beauvoir theoretisch in der Frauenfrage einig sind. Sie geben also zu, dass es eine spezifische Unterdrückung gibt, die vom gesamten System und von jedem einzelnen Mann ausgeübt wird. Und wenn ich mich nicht irre, gibt Ihre politische Theorie und Praxis gemeinhin den Unterdrückten immer recht, das heißt, Sie würden sich niemals erlauben, einem Arbeiter vorzuschreiben, wie er handeln oder sich organisieren soll. Wie kommt es, dass es sich für Sie nicht ebenso von selbst versteht, wenn es um Frauen geht?

Sartre: Zuerst muss ich sagen, dass Castor [= Biber. So nennen alle alten Freunde Beauvoir] übertreibt, wenn sie sagt, ich hätte überhaupt keine Erfahrung damit, was es heißt, als Frau gedemütigt zu werden, nur weil ich ein Mann bin. Immer wenn die Frauen aus meiner Umgebung mir erzählen, dass sie im Laufe des Tages Opfer einer solchen Verfolgung gewesen sind, dann entrüstet mich das! In dieser Hinsicht habe ich die Erfahrung, die mir möglich ist. Genau die der Frauen kann ich nicht haben. Aber ich habe die Erfahrung eines Menschen, der andere Menschen liebt und der der Ansicht ist, dass sie eine unwürdige Behandlung erfahren. So viel hierzu. – Aber was genau verlangen Sie eigentlich?

Seit fünf Jahren gibt es in Amerika und anderen west-

lichen Ländern – so auch in Frankreich! – Frauen, die sich als Teil der revolutionären Bewegungen verstehen und die die Konsequenzen aus ihrer Erfahrung ziehen: aus der Tatsache, dass die Frauen in Gegenwart von Männern, selbst wenn es gutwillige Männer sind (denn solche gibt es ja), eingeschüchtert sind. Es gibt sehr subtile Herrschaftsstrukturen, von denen sich die Frauen in Anwesenheit von Männern einfach nicht befreien können! Deshalb, ich sage es noch einmal, wundert es mich, dass Sie, Sartre, keine Vorstellung, keine klarere Antwort auf diese Forderung, dieses Recht der Frauen auf politische Autonomie haben. Als Übergang, nicht als Endziel, versteht sich.

Sartre: Also zunächst glaube ich in der Tat, dass die Frauen verfolgt werden und die Männer sich die größte Mühe geben, sie als das »andere Geschlecht« zu behandeln, wie Simone de Beauvoir es geschrieben hat. Und ich sehe ein, dass es solche Frauengruppen geben muss. Ich habe nur gesagt, dass diese Gruppen meiner Meinung nach nicht immer die Isolation der Frauen rechtfertigen, die sich allein versammeln. Es müsste Sitzungen geben, an denen die Männer teilnehmen könnten. Ich meine, dass die Frauen in der Tat – wenn Sie so wollen – Unterdrückte besonderer Art sind. Das hat nichts mit den Arbeitern zu tun. Und im Übrigen stimmt auch die Art der Unterdrückung nicht überein. Der Arbeiter wird auf eine bestimmte Weise unterdrückt, und die Frau wird auf eine bestimmte Weise unterdrückt. Sogar wenn sie keine Arbeiterfrauen sind! Weder die Form der Unterdrückung noch ihr Ausmaß sind identisch. Und so meine ich, dass die Beziehung zwischen Frau und Mann oder Mann und Frau, wie Sie wollen, in der Tat ein Unterdrückungsverhältnis ist. Aber ich sehe nicht, was ich mehr tun kann, als es anzuprangern.

Beauvoir: Dazu muss man sagen, dass er eine große Propaganda bei seinen Freunden von der *Liberation* gemacht hat, um sie zu überzeugen, Frauen in ihre Zeitung zu nehmen, sich um Frauenprobleme zu kümmern. Sie haben zum Beispiel etwas sehr Gutes über die Abtreibung gemacht, und er hat sogar versucht, sie von ihrem Machismo zu heilen. Er kämpft gegen den Machismo seiner jungen Genossen, denn die sind, mehr oder weniger subtil, bei aller Radikalität zum größten Teil Machos.

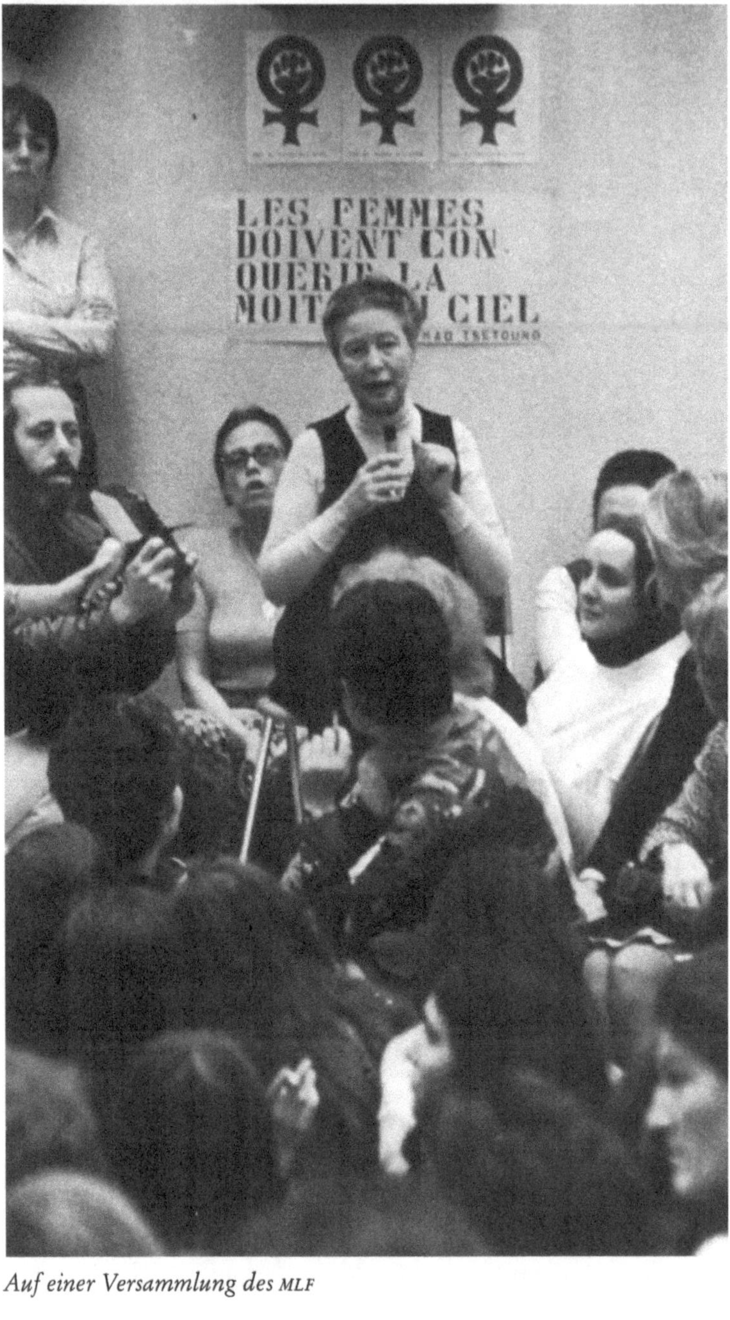

Auf einer Versammlung des MLF

»DAS EWIGWEIBLICHE IST EINE LÜGE.«

1976. Bestandsaufnahme des vom Feminismus Erreichten und Warnung vor dem ersten Backlash. Ein Gespräch über Liebe und Politik, Mutterschaft und Ausbeutung, Hetero- und Homosexualität und – die Lüge von der Natur der Frau.

Erst vor vier Jahren haben Sie zum ersten Mal erklärt, Sie seien Feministin. Sie, die Theoretikerin, die am entscheidendsten den neuen Feminismus beeinflusst hat, Sie waren bis zu Beginn der neuen Frauenbewegung Anti-Feministin. Das heißt, Sie waren gegen eine autonome Frauenbewegung und haben an eine sozialistische Revolution geglaubt und die daraus folgende *automatische* Lösung der Frauenfrage. Seither ist viel passiert. Sie selbst sind aktiv in der Frauenbewegung, und der Frauenkampf ist ins öffentliche Bewusstsein gedrungen. Das sogenannte Jahr der Frau (1975) scheint mir symptomatisch gewesen zu sein. Was meinen Sie?

Wir Feministinnen haben schon oft gesagt, was wir davon halten. Man hat uns damit zum Narren gehalten und erniedrigt. Demnächst kommt das Jahr des Meeres, dann das Jahr des Pferdes, des Hundes und so weiter ... Das heißt, man hält uns Frauen für Objekte, die es in dieser Männerwelt nicht wert sind, mehr als ein Jahr lang ernst genommen zu werden. Dabei sind wir die Hälfte der Menschheit. Es ist also folglich völlig grotesk, von *einem* Jahr der Frau zu sprechen. Alle Jahre müssten ein Jahr der Frau sein, Jahre des Menschen überhaupt …

Aber denken Sie nicht trotzdem, dass – im Gegensatz sicherlich zur ursprünglichen Absicht der Initiatoren – der offene Zynismus, mit dem die meisten Männer das Jahr der Frau zelebriert haben, so manche Frau empört hat und dadurch den Frauenkampf letztlich bestärkt?

Ich denke, dass das nicht dem Jahr der Frau zu verdanken ist, sondern den Anstrengungen der Frauenbewegung. Also den nicht organisierten, nicht offiziellen Frauen. Das Jahr der Frau ist überhaupt erst gemacht worden, weil es schon eine Frauenbewegung gab. Um diese Bewegung zu vereinnahmen, sozusagen. Um die Wogen zu glätten. Das Jahr selbst hat uns überhaupt nicht weitergebracht. Die Frauen in Mexiko waren nichts weiter als Marionetten der Männerpolitik. Was am deutlichsten in dem Konflikt zwischen den Vertreterinnen Israels und denen der arabischen Länder wurde. Die einen sind so patriarchalisch wie die anderen, und der Islam sicher noch mehr als das Judentum.

Könnte man nicht dennoch sagen, dass trotz alledem dieses Jahr der Frau auch etwas genutzt hat?

Sicherlich. Grundsätzlich ist ja zu sagen, dass auch ganz erbärmliche Reformmaßnahmen immer etwas bringen, aber eben auch gefährlich sind. Das beste Beispiel ist das neue französische Abtreibungsgesetz. Das ist eine gänzlich unzureichende Maßnahme, die nur in Reaktion auf unseren Kampf hin erfolgte. [In Frankreich wurde 1975 die Abtreibung in den ersten zehn Wochen freigegeben.] Das hat Herr Giscard d'Estaing gemacht, der modern tun will, das heißt nicht tatsächliche Privilegien angreift, sondern nur einige Tabus ankratzt. Gut. Das ist also eine Maßnahme, die einerseits überhaupt nichts Grundsätzliches verändert. Sie verträgt sich durchaus mit einer kapitalistischen und patriarchalischen Welt (der beste Beweis dafür ist, dass die freie Abtreibung auch in Japan und in den USA existiert). Aber dennoch ist eine solche Reform nicht zu unterschätzen. Sie erleichtert Frauen viele akute Probleme und ist auch ein Anfang. So wie die Pille es war. Aber ebenso wie die Pille, die die Gesundheit der Frauen gefährdet und Frauen verstärkt zur alleinigen Verantwortung für die Verhütung drängt, kann auch die freie Abtreibung zum Bumerang werden. Mit einer Gegenattacke der Männer muss in einer männerbeherrschten Welt grundsätzlich gerechnet werden. Sie werden es benutzen, um eine zusätzliche Unterdrückung daraus zu machen. Sie werden sagen: »Jetzt, wo keine Gefahr mehr ist, kannst du mich doch ranlassen. Du brauchst doch nur abzutreiben …«

1971 gehörten Sie zu den Frauen, die sich öffentlich angeklagt haben, abgetrieben zu haben. Seither haben Sie an etlichen Initiativen und Aktionen von Feministinnen teilgenommen. Wie sehen Ihre Beziehungen zu den jungen Feministinnen aus?

Das sind eher Kontakte zu einzelnen Frauen, die mir persönlich und politisch nahestehen, weniger zu Gruppen oder Tendenzen. Mit ihnen arbeite ich an konkreten Projekten. Das heißt, ich bin weniger eine Militante im engeren Sinne – ich bin ja keine dreißig mehr, sondern siebenundsechzig und eine Intellektuelle, deren Tat das Wort ist –, sondern verfolge die Aktivitäten der Frauenbewegung aus nächster Nähe und stehe ihr zur Verfügung. So machen wir bei *Les Temps Modernes* regelmäßig zusammen eine Seite über den

»alltäglichen Sexismus«. Außerdem fungiere ich als Präsidentin der »Liga für Frauenrechte«, und ich unterstütze die Versuche, Häuser für geschlagene Frauen zu schaffen. Das finde ich besonders wichtig, denn das Problem der Gewalt geht fast alle Frauen an – unabhängig von ihrer Klassenzugehörigkeit. Das ist wie mit der Abtreibung, das geht durch alle Klassen. Frauen werden ja von Ehemännern, die Richter sind, ebenso geschlagen wie von Ehemännern, die Hilfsarbeiter sind. Wir haben jetzt ein »SOS der geschlagenen Frauen« gegründet. Und wir versuchen, Häuser zu bekommen, um wenigstens vorübergehend einer solchen Frau und ihren Kindern helfen zu können. Denen, die nicht mehr nach Hause können, weil sie da geprügelt werden – nicht selten zu Tode. Nach langem Hin und Her bekommen wir jetzt ein Haus bei Paris von der Gemeinde zur Verfügung gestellt …

Von Ihnen als Theoretikerin, Simone, haben die Feministinnen viel gelernt. Haben auch Sie etwas von uns gelernt?

Ja! Sehr viel! Sie haben mich in vielen meiner Ansichten radikalisiert! Ich, ich war daran gewöhnt, in dieser Welt zu leben, wo die Männer so sind, wie sie sind: nämlich Unterdrücker. Ich selbst habe, glaube ich, noch nicht einmal allzu sehr darunter gelitten. Ich bin den meisten typisch weiblichen Sklavenarbeiten entgangen, war nie Mutter und nie Hausfrau. Und beruflich gehörte ich zu den Privilegierten, denn zu meiner Zeit gab es noch weniger Frauen, die Lehrerin für Philosophie waren. Da wurde man auch von den Männern anerkannt. Ich war eine Ausnahmefrau, und – ich habe es akzeptiert. Heute weigern sich die Feministinnen, Alibi-Frauen zu sein. Und sie haben recht! Man muss kämpfen! Was sie mir vor allem beigebracht haben, ist die

Wachsamkeit. Nichts durchgehen lassen! Selbst nicht die banalsten Dinge, diesen alltäglichen Sexismus, den wir so gewöhnt sind. Das fängt schon bei der Sprache an.

***Das andere Geschlecht*, das sozusagen die »Bibel« des Feminismus ist (allein in Amerika über eine Million verkaufter Exemplare), war ursprünglich eine rein *intellektuelle* und *theoretische* Arbeit, keine Streitschrift. Wie waren da eigentlich die Reaktionen, als es 1949 erschien?**

Sehr heftig! Sehr gegen mich! Sehr, sehr feindselig!

Von welcher Seite?

Von allen Seiten. Vielleicht waren wir auch ein wenig ungeschickt. Wir haben nämlich noch vor Erscheinen des Buches das Kapitel über Sexualität in *Les Temps Modernes* veröffentlicht. Das hat vielleicht einen Sturm ausgelöst! Von einer Vulgarität ... Mauriac zum Beispiel schrieb prompt an einen Freund, der mit uns zusammen bei *Les Temps Modernes* arbeitet: »Oh, ich habe bei der Lektüre gerade so einiges über die Vagina Ihrer Chefin erfahren ...« Und Camus, der damals noch ein Freund war, tönte: »Sie haben den französischen Mann lächerlich gemacht!« Ich habe Professoren gesehen, die das Buch quer durch den Hörsaal schmissen, weil sie es nicht ertragen konnten, es zu lesen, und wenn ich ins Restaurant ging, angezogen wie immer – nämlich eher »weiblich«, wie es meine Art ist –, dann guckten die Leute und tuschelten: »Aha, das ist sie ... Ich dachte, dass ... Also wird sie beides sein ...« Mir ging nämlich damals ein saftiger Ruf als Lesbe voraus. So ist das eben: Eine Frau, die es wagt, solche Dinge zu sagen, die kann ja nicht »normal« sein. Auch die Kommunisten haben mich fertiggemacht, haben mich *»bourgeoise«* geschimpft und behauptet: »Den Arbeiterinnen in Billancourt ist das, was Sie da erzählen, schnuppe.« – Was nicht stimmte! Ich hatte also weder die Rechten noch die Linken.

Einige sind sogar so weit gegangen zu sagen, nicht Sie, sondern Sartre hätte Ihre Bücher geschrieben. Und auf jeden Fall sind selbst Sie für die öffentliche Meinung – die ja männerbeherrscht ist – immer das »relative Wesen« geblieben, das Sie im *Anderen Geschlecht* analysiert haben. Das heißt, Sie sind die Frau geblieben, die nicht selbst, sondern nur in Relation zum Mann existiert, nämlich: »die Lebensgefährtin Sartres«. Sartre hingegen als den »Lebensgefährten Beauvoirs« zu bezeichnen – undenkbar!

Genau. Vor allem in Frankreich waren sie völlig entfesselt. Im Ausland ging es besser. Eine Ausländerin, die toleriert man leichter. Das ist weit weg und darum weniger bedrohlich.

Die Beziehung zwischen den Linken und den Feministinnen hat sich nicht gebessert. Im Gegenteil. Ich würde sogar sagen, es ist schlimmer geworden. Die meisten Genossen haben dermaßen ihren »Überlegenheitskomplex« verinnerlicht (wie Sie selbst es einmal genannt haben), dass sie die Feministinnen, die sich immer als Teil der Linken begriffen haben, grundsätzlich als »bürgerlich« oder »reaktionär« diffamieren. Der Geschlechterwiderspruch sei nur ein »Nebenwiderspruch«, heißt es, und spalte den Klassenkampf, den »Hauptwiderspruch«.

Die armen Lieblinge, sie können fast nicht anders. Auch Genossen sind Paschas. Die haben das dermaßen im Blut … Das ist auch so einer der großen Männertricks, das mit dem Nebenwiderspruch. Der Widerspruch Frau/Mann ist genauso wesentlich wie jeder andere. Da steht immerhin die Hälfte der Menschheit gegen die andere Hälfte. Beide, Geschlechter- und Klassenwiderspruch, sind wichtig. Das ist sehr komplex, und die Frauenbewegung muss eine Verbindung zwischen beiden finden. Grundsätzlich ist auch zu sagen, dass die Vorstellung von der Vorrangigkeit des Klassenkampfes überhaupt zunehmend fragwürdig ist, auch für Linke. Es gibt heute so viele revolutionäre Kämpfe, die den Rahmen des Klassenkampfes sprengen. Der Kampf der Gastarbeiter zum Beispiel, die Autonomiebestrebungen der Regionen, die Jugendbewegung und der Kampf der Soldaten in den französischen Kasernen. Der Frauenkampf nimmt dabei einen besonderen Platz ein. Er geht durch alle Klassen. Sicher, die Unterdrückung der Frauen nimmt, je nach Klassenzugehörigkeit, unterschiedliche Formen an. So gibt es Frauen, die Opfer auf beiden Seiten sind: als Arbeiterin in der Fabrik und als Frau eines Arbeiters in der Küche. Andere erleiden nur eine dieser Unterdrückungen: nämlich als Ehefrau und Mutter. Aber selbst die nicht berufstätige Ehefrau eines bürgerlichen Mannes ist nicht privilegiert wie er: Sie landet sehr schnell im Proletariat, wenn ihr Mann sie verlässt. Dann steht sie da, ohne Beruf, ohne Qualifikation, ohne eigenes Geld … Das abzustreiten ist ein Männertrick, mit dem die Männer die Kämpfe unter sich aushandeln wollen; denn Klassenkämpfe, das sind Kämpfe unter Männern! Die Frauen, die Schätzchen, die dürfen höchstens mal dabei helfen. Anschließend werden sie wieder zurück in die Küche geschickt.

Ist die Lage der Frauen in den sozialistischen Ländern Ihrer Meinung nach gleich, besser oder schlechter?

Zunächst muss gesagt werden, dass die sozialistischen

Länder nicht wirklich sozialistisch sind: Nirgendwo hat man den Sozialismus realisiert, von dem Marx träumte. Man hat die Produktionsverhältnisse geändert. Heute wissen wir, dass die Veränderung der Produktionsverhältnisse nicht ausreicht, um wirklich die Gesellschaft und den Menschen zu ändern. Folglich bleiben trotz des unterschiedlichen ökonomischen Systems auch die traditionellen Mann-Frau-Rollen erhalten. Doch ich glaube nicht, dass die Situation der Frauen in den sozialistischen Ländern schlimmer ist. Im Gegenteil. Die Frauen werden dort mehr respektiert und respektieren sich auch selbst mehr. Denn sie arbeiten zu 95 Prozent außerhalb des Hauses und verachten alle Frauen, die das nicht tun. Sie sind also ökonomisch unabhängig und haben auch mehr Erleichterungen in Sachen Heirat, Scheidung oder bei unehelichen Kindern. Als berufstätige Frauen sind ihnen sehr viel interessantere Bereiche zugängig. Aber die sogenannten weiblichen Aufgaben haben sie trotzdem auf dem Buckel. Eine weibliche Führungskraft zum Beispiel muss in Russland nach ihrer Arbeit beim Einkaufen Schlange stehen, um Essen für Mann und Kinder ranzuschaffen. Die Frauen in den sozialistischen Ländern sind darum müder – noch müder – als die Frauen in den kapitalistischen Ländern, aber sie werden mehr geschätzt. Sie haben das Recht auf gewisse »männliche« Privilegien – nicht auf alle – und behalten alle »weiblichen« Pflichten.

Glauben Sie an die Notwendigkeit einer Frauenbewegung in den sozialistischen Ländern?

O ja! Aber ob das möglich ist ... Ich weiß es nicht. Ich glaube, das würde sehr, sehr schlecht aufgenommen in den sozialistischen Ländern, wo die Macht ja auch in Männerhand ist.

Kommen wir noch einmal kurz auf die Reaktionen auf Ihr Werk zurück. Ich weiß, dass Sie seit dreißig Jahren täglich Briefe von Frauen aus der ganzen Welt erhalten. Für viele Frauen waren Sie, Simone, vor der Existenz des neuen kollektiven Frauenkampfes ein Idol, und Sie bleiben die Verkörperung unserer Revolte. Was übrigens sicher nicht nur mit Ihrer sehr tiefgreifenden und weitgehenden theoretischen Analyse zu tun hat, sondern auch mit Ihren autobiographischen Romanen, die Sie als eine Frau zeigten, die es wagt, zu existieren. – Meine Frage: Haben Sie etwas dazugelernt durch die zahlreichen Frauenreaktionen?

Ich habe das unermessliche Ausmaß der Unterdrückung begriffen! Es gibt Frauen, die sind tatsächlich eingekerkert! Und das ist nicht selten! Die schreiben mir heimlich, bevor der Mann nach Hause kommt ... Die interessantesten Briefe kommen von Frauen zwischen fünfunddreißig und fünfundvierzig, die geheiratet haben, das sehr schön fanden und jetzt verraten und verkauft sind ... Sie fragen mich: »Was kann ich tun? Ich habe noch nicht einmal einen Beruf. Ich habe nichts. Ich bin nichts.« Mit achtzehn, zwanzig heiratet man aus Liebe, und dann wacht man mit dreißig auf – und da wieder rauszukommen, das ist sehr, sehr schwierig. Das hätte mir selbst passieren können, darum bin ich dafür so empfänglich.

Es ist immer sehr heikel, Ratschläge zu geben, aber wenn eine Frau Sie fragt ...

Ich glaube, eine Frau sollte sich vor der Falle der Mutterschaft und der Heirat hüten! Selbst wenn sie gern ein Kind hätte, muss sie sich gut überlegen, unter welchen Umständen sie es aufziehen müsste: Mutterschaft ist heute eine wahre Sklaverei. Väter und Gesellschaft lassen die Frauen mit der Verantwortung für die Kinder ziemlich allein. Die Frauen sind es, die aussetzen, wenn ein Kleinkind da ist. Frauen nehmen Urlaub, wenn das Kind die Masern hat. Frauen müssen hetzen, weil es nicht genug Krippen gibt … Und wenn Frauen trotz alledem ein Kind wollen, sollten sie es bekommen, ohne zu heiraten. Denn die Ehe, das ist die größte Falle.

Aber wenn Frauen schon verheiratet oder Mutter sind?

In dem Interview mit Ihnen vor vier Jahren hatte ich gesagt, dass eine Hausfrau von fünfunddreißig mehr oder weniger verloren sei. Darauf habe ich eine Menge sehr sympathischer Briefe bekommen, in denen Frauen mir schrieben: »Aber das stimmt überhaupt nicht! Wir können uns noch sehr gut wehren!« – Umso besser. Aber auf jeden Fall müssten sie versuchen, eine bezahlte Arbeit zu finden, um mindestens eine gewisse Selbstständigkeit und Unabhängigkeit zu haben.

Und die Hausarbeit? Was ist damit? Sollten Frauen sich weigern, mehr als die Männer im Haushalt und bei der Kindererziehung zu tun?

Ja. Aber das genügt nicht. Für die Zukunft müssen wir andere Formen finden. Hausarbeit darf nicht mehr nur von Frauen, sondern muss von allen gemacht werden. Und – ganz wichtig! – sie muss aus der Isolierung heraus! Damit meine ich keine Vergesellschaftung der Arbeit des Stils, wie man ihn in der UdSSR zu einer gewissen Zeit praktiziert hat: nämlich Spezialtruppen, die dann die Arbeit machten. Das scheint mir sehr gefährlich zu sein, denn das Resultat ist eine noch schärfere Arbeitsteilung. Es gibt dann Leute, die ihr Leben lang kehren oder bügeln. Das ist keine Lösung. Sehr gut finde ich allerdings, was in einigen Gegenden von China zu existieren scheint, wo alle Leute – Männer, Frauen, sogar Kinder – sich an einem bestimmten Tag zusammentun und aus der Hausarbeit eine öffentliche Sache machen, die lustig sein kann. So waschen zum Beispiel alle zusammen zu einer bestimmten Stunde oder putzen. Es gibt ja keine Tätigkeit, die an sich erniedrigend ist. Alle Tätigkeiten sind gleichwertig. Es ist die Gesamtheit der Arbeits*bedingungen*, die erniedrigend ist. Fenster putzen, warum nicht? Das ist genauso viel wert wie Schreibmaschine schreiben. Erniedrigend sind die Bedingungen, unter denen man das Fensterputzen verrichtet: in der Einsamkeit, der Langeweile, der Unproduktivität, der Nichtintegration ins Kollektiv. Das ist es, was schlecht ist! Und auch diese Arbeitsteilung drinnen/draußen. Alles müsste sozusagen draußen sein!

Es gibt Strömungen in der Frauenbewegung, die – wie übrigens auch Stimmen in Parteien – einen Lohn für Hausfrauen fordern …

Da bin ich ganz und gar dagegen! Versteht sich! Gut, vielleicht wären Hausfrauen, die aufgrund ihres Alters keine andere Möglichkeit mehr haben, zufrieden, einen Lohn zu bekommen. Aber auf lange Sicht würde das bedeuten, Frauen in dem Glauben zu bestärken, Hausfrau sein sei ein Beruf, sei eine akzeptable Art zu leben. Aber genau das, diese Verdammung der Frauen ins Hausfrauen- und Mutter-Getto, diese männlich-weibliche Arbeitsteilung von draußen und drinnen, das müssen Frauen ablehnen, wenn sie vollwertige Menschen werden wollen!

Die Argumentation einiger Frauen ist, dass durch die Forderung »Lohn für Hausarbeit« ein Bewusstsein für den Wert der Hausarbeit geschaffen würde.

Einverstanden! Aber so erreicht man das meiner Meinung nach nicht! Es sind die Bedingungen der Hausarbeit, die geändert werden müssen. So wie es jetzt abläuft, ist dieser Wert dermaßen mit den Bedingungen, mit dem Hausfrauen-Getto, verknüpft, dass eine Entlohnung einiges, aber nichts Fundamentales ändern würde. Die Hausarbeit muss mit den Männern geteilt werden, und sie darf nicht länger isoliert-privat, sondern muss öffentlich verrichtet werden. Sie muss in Gemeinschaften, in Kollektive integriert werden, wo alle zusammen arbeiten. Das Familien-Getto muss gesprengt werden!

Sie selbst, Simone, haben das Problem individuell gelöst. Sie haben keine Kinder und wohnen nicht mit Sartre zusammen, das heißt, Sie haben nie Hausarbeit für eine Familie oder einen Mann gemacht. Für Ihre Haltung zur Mutterschaft sind Sie oft angegriffen worden – auch von Frauen. Sie werfen Ihnen vor, etwas gegen die Mutterschaft zu haben.

O nein! Ich habe nichts dagegen! Ich habe etwas gegen die Ideologie, die von allen Frauen verlangt, Mutter zu werden, und gegen die Umstände, unter denen Frauen Mutter sein müssen. Mutterschaft ist heute für Frauen eine böse Falle. Aus diesem Grund würde ich einer jungen Frau raten, nicht Mutter zu werden. Hinzu kommt eine schreckliche Mystifizierung der Mutter-Kind-Beziehung. Wenn die Leute dermaßen Wert auf Familie und Kinder legen, dann tun sie das, weil sie insgesamt in einer solchen Einsamkeit leben. Sie haben keine Liebe, keine Zärtlichkeit, keine Freunde, niemanden. Sie sind allein. Also machen sie Kinder, um jemanden zu haben. Und das ist grauenhaft. Auch für das Kind. Man macht aus ihm einen Notstopfen, der die Leere füllen soll. Dabei geht das Kind, sobald es groß ist, ja doch weg. Es ist überhaupt keine Garantie gegen die Einsamkeit.

Sie sind oft gefragt worden: Bereuen Sie heute, kein Kind zu haben?

O nein! Ich gratuliere mir jeden Tag dazu! Wenn ich die Großmütter sehe, die – anstatt endlich einmal ein bisschen Zeit für sich selbst zu haben – auf kleine Kinder aufpassen müssen … Das macht ihnen nicht immer nur Freude …

Eine andere Frage: Welche Rolle spielt Ihrer Meinung nach die Sexualität, so wie sie heute abläuft, bei der Unterdrückung der Frauen?

Ich denke, dass die Sexualität eine ziemlich schreckliche Falle sein kann. Nicht nur für die Frauen, die frigide gemacht werden – denn das ist vielleicht noch nicht einmal das Schlimmste für sie selbst. Am schlimmsten ist es für die Frauen, die das Unglück haben, Sexualität mit Männern so beglückend zu finden, dass sie mehr oder weniger abhängig von Männern werden. Diese Hörigkeit kann ein zusätzliches Glied in der Kette sein, die Frauen an Männer fesselt.

Wenn ich Sie recht verstehe, scheint Ihnen Frigidität bei den Macht-Ohnmacht-Beziehungen zwischen Mann und Frau für die Frauen eventuell eine vorsichtigere und angemessenere Reaktion, weil sie die Ohnmacht und das Unbehagen der Frauen spiegelt und Frauen weniger abhängig macht?

Genau.

Es gibt Frauen in der Frauenbewegung, die sich in dieser männerdominierten Welt weigern, ihr Privatleben mit Männern zu teilen, also keine sexuellen und emotionalen Beziehungen mit Männern haben. Das heißt, diese Frauen machen aus der weiblichen Homosexualität eine politische Strategie. Was halten Sie davon?

Ich verstehe sehr gut diese politische Ablehnung eines Kompromisses. Genau aus dem Grund, den ich gerade nannte. Weil nämlich die Liebe eine Falle sein kann, die Frauen vieles akzeptieren lässt. Im Namen der Liebe werden Frauen erniedrigt und ausgebeutet und lassen sich ausbeuten. Doch an sich ist die ausschließliche Homosexualität genauso einengend wie die Heterosexualität. Ideal wäre, ebenso gut eine Frau lieben zu können wie einen Mann, einfach ein menschliches Wesen. Ohne Angst, ohne Zwänge, ohne Verpflichtungen. Aber so, wie es heute aussieht, verstehe ich sehr gut das große Misstrauen, dessen Konsequenz für einige Frauen die Homosexualität ist. Misstrauen gegen den Mann, aber auch gegen sich selbst – denn in den Beziehungen zwischen Frau und Mann ist nicht nur der Mann Chauvinist und Unterdrücker, sondern auch die Frau fällt oft in die masochistische Weibchen-Rolle.

Von Ihnen ist der berühmte Satz: »Man wird nicht als Frau geboren, man wird es.« Heute kann diese »Fabrikation« der Geschlechter bewiesen werden. Ihr Resultat ist, dass Frauen und Männer sehr unterschiedlich sind: Sie denken unterschiedlich, fühlen unterschiedlich, gehen unterschiedlich … Doch dieser Unterschied ist nicht nur ein Unterschied, sondern beinhaltet die Minderwertigkeit der Frauen. Die sogenannten »männlichen«

Qualitäten sind nicht *zufällig* die des herrschenden Geschlechts und die »weiblichen« nicht zufällig die des beherrschten, denn sie sind leichter auszubeuten. In diesem Zusammenhang ist es bezeichnend, dass sich eine neue Mystifikation des Ewigweiblichen ankündigt.

Es gibt sicherlich »weibliche« Qualitäten. Ich denke zum Beispiel, dass Frauen gewisse männliche Fehler abgehen. So das männlich Groteske – die Art, sich ernst zu nehmen, eitel zu sein, sich wichtig zu nehmen, und so weiter. Das heißt, Frauen, die eine Männerkarriere machen, können sehr gut auch diese Fehler annehmen. Aber sie haben trotzdem ein ganz klein wenig Humor, eine gesunde Distanz zu diesen Hierarchien. Und dann die Art, Konkurrenten zu zermalmen – im Allgemeinen machen Frauen das nicht. Außerdem haben sie mehr Geduld – was bis zu einem gewissen Punkt eine Qualität ist, danach wird es ein Fehler. Und Ironie. Und eine ganz konkrete Art, denn Frauen sind aufgrund ihrer Rolle im täglichen Leben verwurzelt. Diese »weiblichen« Qualitäten sind also nicht angeboren, sondern resultieren aus unserer Unterdrückung. Aber wir könnten sie auch nach einer Befreiung bewahren – und die Männer müssten sie erlernen. Aber man darf nicht ins andere Extrem fallen: sagen, die Frau habe eine besondere Erdverbundenheit, habe den Rhythmus des Mondes und der Ebbe und Flut im Blut und all dieses Zeug … Sie habe mehr Seele, sei von Natur aus weniger destruktiv et cetera. Nein! Es ist etwas dran, aber das ist nicht unsere Natur, sondern das Resultat unserer Lebensbedingungen. Die so »weiblichen« kleinen Mädchen sind fabriziert und nicht geboren! Zahlreiche Untersuchungen beweisen es! Eine Frau hat a priori keinen besonderen Wert, nur weil sie Frau ist! Das wäre finsterster Biologismus und steht in krassem Gegensatz zu allem, was ich denke.

Und was bedeutet dieser Ruf nach der »Weiblichkeit«?

Wenn man uns sagt: »Immer schön Frau bleiben. Überlasst uns nur all diese lästigen Sachen: Macht, Ehre, Karrieren ... Seid zufrieden, dass ihr so seid: erdverbunden, befasst mit menschlichen Aufgaben ...« Wenn man uns das sagt, sollten wir auf der Hut sein! Einerseits ist es richtig, dass Frauen sich nicht mehr ihres Körpers schämen, nicht ihrer Schwangerschaft und ihrer Periode. Richtig, dass sie ihren Körper kennenlernen, zum Beispiel in den *»self help«*-Gruppen, die ich ausgezeichnet finde. All das ist sehr gut. Aber man darf keinen Wert an sich daraus machen, nicht glauben, der weibliche Körper verleihe einem eine neue Vision der Welt. Das ist lächerlich und absurd. Das hieße einen Gegen-Penis daraus machen. Frauen, die das glauben, fallen ins Irrationale, ins Mystische, ins Kosmische zurück. Sie spielen das Spiel der Männer – denn so wird man sie besser unterdrücken, besser von Wissen und Macht fernhalten können. Das Ewigweibliche ist eine Lüge, denn die Natur spielt bei der Entwicklung eines Menschen eine sehr geringe Rolle, wir sind soziale Wesen. Außerdem: Da ich nicht denke, dass die Frau von Natur aus dem Manne unterlegen ist, denke ich auch nicht, dass sie ihm von Natur aus überlegen ist.

In ihrer Wohnung Rue Schoelcher

»SCHLIMM AM ALTER IST, DASS MAN JUNG IST.«

Ein Gespräch 1978 mit der Autorin des Essays Das Alter *am Tag ihres siebzigsten Geburtstags: über ihr eigenes Alter, Erreichtes und Versäumtes – und über auch für sie noch gültige Tabus.*

Sie haben nicht nur die Lage der Frauen analysiert, sondern auch die der Alten. Heute nun werden Sie selbst siebzig Jahre alt. Wie fühlen Sie sich, Simone?

Wie immer.

Wie immer?

Nicht weil ich heute siebzig werde, ist dieser Tag anders als die andern. Sicher, siebzig, das ist eine runde Zahl, aber die wiegt nicht schwerer als neunundsechzig oder achtundsechzig oder sechzig ... Ich habe schon vor langer Zeit begriffen, dass ich nicht mehr jung bin. Als ich fünfzig war, da war es ein Schock für mich zu hören, wie junge Frauen sagten: »Ach, ist die Beauvoir schon so alt ...?« Oder auch direkt zu mir: »Mein Gott, Sie erinnern mich so an meine Mutter ...« Jetzt bin ich siebzig und seit zwanzig Jahren daran gewöhnt, nicht mehr jung zu sein und mich nicht mehr als jung zu begreifen. Da ich mir übrigens nur wenige Bilder von mir selbst mache und nur wenige Gedanken über meine Person – dafür mehr über meine Umwelt und das, was ich zu tun habe, das, was passiert –, macht es mir nichts aus.

Wenn ich Beauvoir-Fotos von früher sehe und Ihre Memoiren lese, dann habe ich auch den Eindruck, dass, wenn von einem Altersschock überhaupt die Rede sein kann, er Sie eher in Ihren Fünfzigern getroffen hat …

Genau. Das war außerdem ein sehr schlechter Moment in der Geschichte Frankreichs, die Zeit des Algerienkriegs, der mich so getroffen hat, dass ich nachts oft weinte und meine Verzweiflung im Kissen erstickte. Ich werde alt, dachte ich, und die politische Zukunft ist finster – all das führte zu dem traurigen und desillusionierten Ende im Lauf der Dinge. Doch seither habe ich mich gewöhnt an all das …

Damals sind Sie für das Eingeständnis dieser Resignation und für Ihren Satz »*J'ai été flouée*« [Ich bin betrogen worden] heftig angegriffen worden. Denn als Autorin des *Anderen Geschlechts* und Symbolfigur der Emanzipation sind Sie gerade auch in den Augen von Frauen zu einer Art Berufsoptimismus verurteilt: Alles, was Frauen heute nur schwer leben können, soll von Ihnen realisiert, von Ihnen erreicht werden. In *Alter* haben Sie sich dagegen verwahrt. Sie schreiben: »Ich lehne es ab, mich durch ein erstarrtes Bild von mir entfremden zu lassen«, und sagen, dass Sie Ihre persönliche Freiheit über Ihre politischen Interessen stellen.

Ja. Und das ist mir auch sehr wichtig.

In *Alter* analysieren Sie auch die Rolle, die die sogenannte Würde spielt, die man den Alten zuschreibt. Das

ist wie mit der Würde der Frau: Diese Erwartung erlaubt Menschen weder Leidenschaft noch Interessen und auch keine Auflehnung gegen diese Einengung. – In diesem Sinne sind Sie selbst, Simone, eigentlich eine recht »unwürdige alte Dame« ...

Ja, aber das war ich immer schon. Was mir in den Sinn kam und was mich lockte, habe ich getan, statt es zu unterdrücken. Darum habe ich auch heute nichts nachzuholen.

Gibt es Dinge, die Sie in den Memoiren nicht geschrieben haben und die Sie, hätten Sie sie noch einmal zu schreiben, jetzt sagen würden?

Ja. Ich hätte gern eine wirklich sehr ehrliche Bilanz meiner eigenen Sexualität gezogen. Und zwar vom feministischen Standpunkt aus. Ich würde Frauen gern sagen, wie ich meine Sexualität gelebt habe, denn das ist nicht nur eine persönliche Frage, sondern auch eine politische. Früher habe ich darüber nicht geschrieben, weil ich die Wichtigkeit dieser Frage und vor allem auch der subjektiven Ehrlichkeit nicht in dem Ausmaß begriffen hatte – das habe ich von den jungen Feministinnen gelernt. Und ich werde voraussichtlich auch heute nicht mehr darüber schreiben, weil von dieser Art Geständnis nicht nur ich, sondern auch einige Personen, die mir sehr nahestehen, betroffen wären.

Sexualität hat ja auch für die Alten tabu zu sein. Sie haben das in Ihrem Essay sehr überzeugend dargelegt. Wie haben Sie selbst es eigentlich damit gehalten? Haben Sie sich diesem Tabu im Alter gebeugt?

Gebeugt habe ich mich in dieser Frage schon immer meinem Kopf, der bei mir stärker ist als der Körper. Sobald das Ausleben der sexuellen Beziehung nicht möglich war, hatte ich auch kein sexuelles Verlangen. Eigentlich hatte ich immer nur die Bedürfnisse, die auch realisierbar und an eine bestimmte Person gebunden waren. Nur als ich sehr jung war, mit zwölf Jahren, kannte ich sexuelles Begehren sozusagen ins Leere hinein. Damals war es so heftig, dass es mir schier unerträglich schien, noch bis fünfzehn warten zu müssen, bis ich endlich heiraten durfte (denn selbstverständlich konnte ich mir Sexualität nur im Rahmen einer Ehe vorstellen). Später gab es für mich Sexualität immer nur in Verbindung mit leidenschaftlicher Liebe. War ich also bereit, eine Liebesbeziehung einzugehen, hatte ich auch sexuelle Empfindungen. War ich nicht verfügbar, hatte ich auch keine Sexualität.

War diese Verfügbarkeit in den letzten zwanzig Jahren für Sie so möglich wie zuvor?

O nein: Das ist ganz und gar vorbei. Etwas in meinem Körper ist tot. Gott sei Dank. Denn – ich habe zwar nichts gegen alte Frauen, die noch von sexuellen Begierden geschüttelt werden, aber ich denke, dass sie es in unserer Gesellschaft verdammt schwer haben …

In *Alter* sprechen Sie auffallend häufig vom Ekel vor dem alternden Körper. Haben Sie selbst vor sich diesen Ekel?

Ach wissen Sie, ich war nie sehr narzisstisch. Ich habe nie großen Gefallen an meinem eigenen Körper gefunden, und dass das mit zunehmendem Alter eher noch abnimmt, versteht sich.

Sie waren – auch nach Männernormen – immer eine sehr schöne Frau. Hat es Ihnen etwas ausgemacht, Falten zu bekommen?

Ich habe mich nie sehr auf die Schönheit verlassen. Als ich dreißig, fünfunddreißig, vierzig war, konnte es mir passieren, in den Spiegel zu schauen und mich ganz passabel zu finden. Aber es ist mir nie so gegangen wie manchen Frauen, die ich kenne – und die ich auch schätze und mag –, die ganz auf ihre Schönheit gebaut haben und dann nur sehr schwer mit dem Altern zurechtkommen. Wichtig war mir vor allem mein Kopf, alles andere war sekundär. Dennoch habe ich natürlich ein gewisses Gefallen an meinem Aussehen gefunden, und ich habe mein Gesicht mit fünfzig mit dem von vierzig verglichen – was mich nicht gerade zufrieden gemacht hat. Aber heute stellt sich diese Frage schon lange nicht mehr.

In *Alter* beschreiben Sie den Widerspruch zwischen dem objektiven Zustand, in dem der alternde Mensch ist – und der hat nicht nur gesellschaftlich bedingte Gründe, sondern auch biologische –, und dem subjektiven Gefühl, das er hat. Sie sagen: Man fühlt sich jung in einem alten Körper.

Ja. Sartre hat das Alter sehr treffend das »Unrealisierbare« genannt. Das »Unrealisierbare« ist etwas, was zwar für die anderen existiert, aber nicht für einen selbst. Wenn ich schlafe, wenn ich aufwache, wenn ich gehe, mich bewege, ein Buch lese – dann denke ich nie: Ich bin alt. Ich fühle mich ohne Alter. Sicher, mit zweiundfünfzig, dreiundfünfzig, vierundfünfzig, da dachte ich: Jetzt werde ich alt. Heute ist dieses Gefühl zwar ein selbstverständlicher Teil meiner Gewohnheiten und meines Körpers geworden, aber ich begreife mich dennoch nicht als alt. Cocteau hat das sehr treffend gesagt: Das Schlimme am Alter ist, dass man jung ist.

Inwieweit sieht Ihr Tagesablauf heute anders aus als früher?

Ich fühle mich weniger stark, also bin ich weniger hartnäckig, weniger fordernd mit mir selbst. Das ist ein Nachteil, aber auch ein Vorteil, denn ich habe mehr Muße und Zeit. Früher, mit dreißig, da rannte ich, kaum hatte ich die Augen geöffnet, los. Ich schrieb, machte tausend Sachen, hatte noch so viel vor mir. Heute bin ich gelassener, lass mir ein wenig Zeit, lese, tu Dinge, die mir ganz persönlich Spaß machen. Und ich bin auch sparsamer mit meinen Kräften. Es interessiert mich auch nicht mehr, zum Beispiel, so wie früher, bis tief in die Nacht hinein auszugehen, zu trinken, zu feiern – das würde mir auch am nächsten Tag schlecht bekommen … Ich mag diese Gelassenheit, und gleichzeitig bedaure ich sie. Denn hartnäckig um die Zukunft ringen bedeutet, dass man in dieser Zukunft seinen Platz hat. Meiner Meinung nach ist die strahlendste Phase in einem Leben, wenn man zwischen dreißig und fünfzig oder dreißig und sechzig ist, sein Leben aufgebaut und nicht mehr die Schranken der Jugend hat – Familiengeschichten, Karrieredruck –, das ist der Moment, wo man frei ist und viel vor sich hat. Aber das Alter, das ist ein Schritt vom Unendlichen ins Endliche. Man hat keine Zukunft mehr – das ist das Schlimmste.

Erleichtert die Tatsache, dass Ihr Werk ein so beachtliches und beachtetes ist, Ihnen das Altern?

Sicher. Das erleichtert es mir nicht nur, sondern beschwört

es sozusagen. Ich sage mir, gut, ich könnte vielleicht noch ein, zwei Bücher schreiben, aber das verändert nichts Entscheidendes am Kern meines Werkes: dem *Anderen Geschlecht*, den *Mandarins*, der Autobiographie. Das Wesentliche ist getan, liegt hinter mir.

Welche Interessen und Projekte bleiben Ihnen?

Spaß macht mir zurzeit etwas, was ich mir bisher nie gestattet habe: die Verfilmung meiner Bücher. Das heißt, es handelt sich nicht um etwas Neues, aber um eine neue Art, dem Publikum das, was ich schon geschrieben habe, näherzubringen. Ich habe mitgearbeitet an der Verfilmung meiner Erzählung »Eine gebrochene Frau«, die demnächst im französischen Fernsehen gezeigt werden wird. Ähnliches ist für *Die Welt der schönen Bilder* geplant und vielleicht auch für die *Mandarins*. Ich verspüre das Bedürfnis, mir meine eigene Arbeit wieder anzueignen, und vor allem auch, sie einem anderen Publikum – dem, das nicht gewohnt ist zu lesen, aber fernsieht – zugänglich zu machen. Das beschäftigt mich zurzeit. In zwei Jahren wird es vielleicht etwas ganz anderes sein ... Wäre ich allerdings heute dreißig oder vierzig – ja, dann würde ich wahrscheinlich die Psychoanalyse aufarbeiten. Aber wirklich. Nicht ausgehend von Freud, sondern wirklich ganz von vorn und von einem feministischen Standpunkt aus, oder sagen wir ganz einfach: aus einer weiblichen statt aus einer männlichen Sicht. Das würde mich interessieren! Aber ich, ich habe nicht genug Zeit vor mir. Andere Frauen sollten es tun.

Ich möchte noch einmal auf *Alter* zurückkommen. Sie haben das Buch mit sechzig, also auf der Schwelle zu Ihrem eigenen Alter, geschrieben. Auffallend sind die zahlreichen Altersbeispiele von Schriftstellerinnen und

Künstlerinnen. War diese Arbeit unter anderem der Versuch herauszufinden, was Sie selbst erwartete?

Nein, nicht ganz. Richtig ist, dass mich die Untersuchung auch interessierte, weil ich selbst im Begriff war zu altern. Vor allem aber interessierte mich das gesellschaftliche Phänomen – es lag zu der Zeit ja auch schon in der Luft. Die Menschen leben länger, die ökonomischen und sozialen Probleme älterer Menschen sind einfach schrecklich, und ich war selbst aus nächster Nähe damit konfrontiert durch Freundinnen, die als Sozialarbeiterin und Ähnliches arbeiten. Mich erfasste Mitleid und Sympathie für die Alten. Ich wollte darüber sprechen. Gleichzeitig interessierte mich natürlich besonders, wie die Menschen meines Milieus, wie Intellektuelle und Schriftsteller diesen Moment ihres Lebens erlebten. Das war es auch, was mir an der Arbeit an *Alter* am meisten Spaß gemacht hat: zu lesen, was alte Menschen über ihr eigenes Alter denken.

Hat die Tatsache, dass Sie das Alter so gründlich dokumentiert und analysiert haben, Auswirkungen auf Ihr eigenes Leben gehabt?

Nein.

Das überrascht mich. Sich seines Zustandes bewusst sein verändert doch etwas. So ist es ja auch für Frauen, die ein Bewusstsein für ihre Situation bekommen. Es macht einem manches leichter – weil man damit nicht mehr allein ist und es besser begreift – und manches schwerer: weil man es überdeutlich sieht.

Nein, das ist für mich beim Alter wirklich nicht der Fall. Nichts geht über die gelebte Erfahrung. Ein theoretisches

Buch darüber geschrieben zu haben entmutigt mich nicht, noch ermutigt es mich. Vielleicht erkenne ich bei anderen leichter gewisse Züge. Aber bei mir selbst? Vor zwei Jahren hatte ich einen so starken Rheumatismus, dass ich nicht aufstehen konnte, und ich weiß, dass ich nicht mehr so gut Treppen steigen, keine großen Wanderungen mehr in den Bergen machen kann. Gut. Aber dazu muss ich nicht *Das Alter* geschrieben haben, um zu erkennen, dass solche körperlichen Schwächen etwas damit zu tun haben.

Eines der größten Altersdramen, die Armut, ist Ihnen erspart geblieben. Sie sind in vielen Punkten privilegiert …

… so ist es …

… und es gibt über die Biologie hinaus auch noch andere Altersprobleme, die Ihnen erspart bleiben. So zum Beispiel, glaube ich, die Einsamkeit …

Ja. Ganz und gar. Ich habe viele Freundschaften und sehr herzliche und innige Beziehungen mit einigen Menschen. Es sind nicht viele, weil ich das nicht will, denn ich will ja nicht nur nehmen, sondern auch geben können. Aber es sind doch so viele, dass ich eher zu wenig allein bin als zu viel. Selbst wenn zwei oder drei meiner liebsten Menschen gleichzeitig sterben würden, bliebe ich nicht allein. Nein, ich werde bis hin zu meinem Tod nie allein sein.

Dabei ist Ihnen – unverheiratet und kinderlos – diese späte Einsamkeit doch oft prophezeit worden.

Ja. Eine der vielen Prophezeiungen, die nie eingetroffen sind …

Neben Sartre ist der Mensch, der Ihnen heute am nächsten steht, Sylvie le Bon, eine fünfunddreißigjährige Studienrätin, mit der Sie seit vielen Jahren eine enge Freundschaft verbindet. Ist Sylvie eine Art Tochterersatz?

Davon kann keine Rede sein!

Wieso nicht?

Die Mutter-Tochter-Beziehungen sind fast immer ganz mies. Es ist heute einfach nicht möglich: Eine Frau kann nicht die Mutterrolle spielen und gleichzeitig die Freundin ihrer Tochter sein. Das widerspricht sich nicht nur wegen der realen Abhängigkeit von Kindern, sondern auch wegen der großen Frustration, mit der die Mutterschaft heute verbunden ist: Einerseits zieht dies Aggression seitens der Mutter gegen das Kind nach sich, andererseits funktionalisieren diese Mütter ihre Kinder. Sie versuchen, sie stellvertretend für sich leben zu lassen. Außerdem hat ein Kind keine Lust, ewig in derselben Gebärmutter hocken zu bleiben. Die Mutter-Tochter-Beziehungen, die ich so um mich herum sehe, sind allesamt sehr bedrückend.

Und Ihre Beziehung mit Sylvie?

Das ist etwas anderes. Wir haben uns kennengelernt, als wir beide schon erwachsene Menschen waren, und haben uns freiwillig gewählt. Zwischen uns ist ein tiefes Verständnis gewachsen. Es ist richtig, dass ihre Jugend auch mich verjüngt, aber das war keine Berechnung, nicht darum sind wir Freundinnen geworden.

Finden Sie, dass das Altern den Frauen schwerer gemacht wird als den Männern?

Nein. Im Gegenteil. Denn die meisten Frauen können nicht tief runterfallen, da sie nie oben waren. Aber die Männer, die sich ja für wichtig halten, die glauben, sie hätten Macht und Verantwortung – und ja oft auch haben –, wenn die altern, das ist schrecklich! Das ist ein richtiger Bruch. Gerontologinnen haben mir erzählt, die Männer in den Fünfzigern, die zu ihnen kommen, seien total gebrochen: Sie können nicht fassen, dass ihre Söhne sie entmachteten. Eine Frau hingegen kann immer noch auf ihre Kosten kommen. Nicht dass ich meine, es ginge den Frauen heute gut. Aber es gibt in dieser Situation ein paar Möglichkeiten mehr, zu entkommen. Frauen waren schon jung machtlos. Wenn sie dann im Alter plötzlich ihre entmachteten Männer erleben, dann drehen sie nicht selten den Spieß um. Zumindest in ihren eigenen vier Wänden. Und ich verstehe das sehr gut.

Ist es nicht auch so, weil Männer ihr Leben lang in Konkurrenz- und Rivalitätsbeziehungen, das heißt im permanenten Kampf sind? Einmal angeschlagen, muss sie das natürlich doppelt treffen ...

Genau. Sie haben ja auch nichts anderes. Frauen hingegen bleibt auch im Alter ihre Funktion im Haus. Sie kümmern sich um die Enkel, stricken, haben noch eine Aufgabe. Eine sehr beschränkte, wie ihr Leben lang, aber immerhin ... Das macht es Frauen möglich, das Alter besser durchzustehen. Für einen Mann hingegen ist das Ende des Berufslebens etwas Furchtbares – nur ist andererseits die materielle Misere bei Frauen größer. Und das ist das Schrecklichste.

Sie selbst sind da eher in einer Männersituation, und dazu in einer sehr privilegierten. – Hat eigentlich die Tatsache, dass Sie berühmt sind, ja mehr noch, dass Sie mit Ihrem Werk und Ihrem Leben ganz entscheidend

zur Bewusstwerdung und Emanzipation so vieler beigetragen haben und von Millionen Frauen geliebt und bewundert werden, hat diese Tatsache Auswirkungen auf Ihr privates Leben gehabt?

Nein. Ich bin ja nur für die anderen Simone de Beauvoir. Für mich selbst ist das nicht begreifbar. Ich bekomme allerdings viele sympathisierende Briefe. Gleichzeitig aber kriege ich ab und zu eins reingewürgt von manchen jungen Feministinnen, die finden, dass Simone de Beauvoir ein Feminismus von gestern ist …

Da geht die antiautoritäre Saat auf, die unter anderem Sie und Sartre gesät haben …

So ist es. Ich finde das auch ganz normal. Es ist gut, Autoritäten infrage zu stellen. Außerdem ist jetzt auch etwas anderes zu tun, als *Das andere Geschlecht* zu schreiben. Doch bleibt diese Analyse als theoretische Basis sehr gültig. Es wäre falsche Bescheidenheit von mir, nicht zu sehen, dass in diesem Bereich bisher nichts Besseres geschrieben wurde. Auch wenn einige der heutigen Feministinnen (wie zum Beispiel Firestone oder Millett) in konkreten Punkten darüber hinausgegangen sind, so gehen sie doch alle von der bereits im *Anderen Geschlecht* geleisteten Arbeit aus.

Mit Sartre in Paris

»ICH HINGEGEN WAR SEHR LEIDENSCHAFTLICH.«

1982, zwei Jahre nach dem Tod von Sartre – ein sehr persönliches Gespräch zwischen zwei Frauen: über Kreativität, Liebe, Leidenschaft, Treue, Stolz, Männlichkeit und Weiblichkeit.

***Die Zeremonie des Abschieds* erscheint jetzt auf Deutsch. Die Veröffentlichung der Briefe Sartres, die Sie zurzeit in Frankreich vorbereiten, wird folgen. Reden wir also von Ihrer Beziehung zu Sartre: dieser Beziehung, die für mehrere Generationen *das* Modell einer Liebesbeziehung in Freiheit war – und vielleicht immer noch ist. Was wird man in diesen zwei Büchern Neues erfahren, Neues über ihn und Sie beide?**

Dass es eine sehr zärtliche und gleichzeitig sehr heitere Beziehung war. Und eine sehr vertrauensvolle Beziehung, intellektuell wie gefühlsmäßig. Das zeigen die Briefe, die Sartre mir schrieb, als er Kriegsgefangener war (unter sehr, sehr günstigen Bedingungen, er hatte sogar einen Schreibtisch). Er hatte einen Prolog zu *Zeit der Reife* geschrieben, der ihm sehr am Herzen lag. Nach meiner Kritik hat er ihn ganz und gar zerrissen, ja, sich sogar ganz davon distanziert. Kurzum, man sieht in den Briefen auch den Einfluss, den ich als Kritikerin auf ihn hatte sowie er als Kritiker auf mich. Die Inspiration war eine persönliche Sache für jeden von uns, aber bei der darauffolgenden Umsetzung war jeder außerordentlich empfänglich für die Kritik des anderen. Man sieht auch in diesen Briefen, dass er in Bezug auf sein Gefühlsleben ein totales Vertrauen in mich hatte, denn er erzählte mir all seine Geschichten, selbst die Details. Zum Beispiel seine Geschichte mit Wanda: Über alles, was er empfand, hielt er mich Tag für Tag auf dem Laufenden, über seine Krisen und Leidenschaften …

… tat das nicht weh?

Nein. Wir hatten ein vollständiges gegenseitiges Vertrauen zueinander. Jeder wusste, dass der andere der wichtigste Mensch in seinem Leben ist – was auch immer kommen mag.

Daran haben Sie nie gezweifelt?

Ein Mal. Ich erzähle das in meinen Memoiren. Eine Minute lang habe ich gezögert, weil ich die andere nicht kannte … Das war Dolores, die ich in meinen Memoiren M. nenne, in Amerika, 1944/45. Es war die Zeit der großen Ausgelassenheit nach dem Krieg. Er sprach mit so viel Freundschaft und Respekt von ihr, dass ich mich einen Moment lang gefragt habe: Ist sie ihm etwa näher als ich? Ich habe ihm die Frage gestellt, und er hat mir geantwortet: Sie sind es, mit der ich zusammen bin!

Und dieser Vorzugsplatz ist weder von ihm noch von Ihnen jemals infrage gestellt worden?

Nein, niemals. Vielleicht, weil Sartre sehr stolz war und ganz sicher, dass kein anderer Mann für ihn jemals zur ernsthaften Konkurrenz werden würde …

Kampa

William Boyd

656 Seiten | Gebunden
€ (D) 24,– | sFr 32,50 | € (A) 24,70
ISBN 978 3 311 10037 9

Das schillernde Porträt eines Lebenskünstlers. Ein Roman, so groß und ergreifend wie das ihm vorangestellte Motto von Henry James: »Sagen Sie nie, Sie wüssten das letzte Wort über eines Menschen Herz.«

384 Seiten | Taschenbuch
€ (D) 14,– | sFr 19,– | € (A) 14,40
ISBN 978 3 311 15029 9

William Boyds Weltbestseller: Eine Tochter erfährt, dass ihre betagte Mutter früher Spionin war und noch einen letzten Auftrag erledigen muss – aber nicht allein.

Tessa Hadley

384 Seiten | Gebunden
ca. € (D) 22,– | ca. sFr 30,– | ca. € (A) 22,60
ISBN 978 3 311 10042 3

London 1967: Nur ein Kuss – und das Glück einer Familie gerät ins Wanken. *Freie Liebe* erzählt unwiderstehlich sinnlich von einer Frau, die sich aus dem Korsett eines bürgerlichen Lebens zu befreien versucht.

320 Seiten | Taschenbuch
€ (D) 14,– | sFr 19,– | € (A) 14,40
ISBN 978 3 311 15017 6

Dreißig Jahre waren Christine, Zachary, Alex und Lydia befreundet. Nun ist Zachary von ihnen gegangen. Doch der Verlust schweißt die drei nicht enger zusammen. Alte Wunden brechen auf. Sind drei einer zu wenig – oder doch einer zu viel?

»Mit seltenem und schillerndem Witz. Dieser Roman hat eine immense Anziehungskraft.«

Richard Ford

Jean Kyoung Frazier

Jane ist achtzehn, schwanger und fährt in einem Vorort von Los Angeles mit dem uralten Ford ihres Vaters Pizza aus. Nicht dass sie bessere Pläne gehabt hätte für ihr Leben ... Die Vorfreude ihrer Mutter und ihres Freundes Billy auf das Baby lösen bei Jane nichts als Fluchtinstinkte aus, und auch die Fürsorge der beiden macht die Situation nicht besser. Als eines Tages eine Frau Salamipizza mit Gürkchen für ihren Sohn bestellt, gerät Janes Leben komplett aus den Fugen.

240 Seiten | Gebunden
€ (D) 22,– | sFr 30,– | € (A) 22,60
ISBN 978 3 311 10039 3

Andrea Bajani

ca. 304 Seiten | Gebunden
ca. € (D) 24,– | ca. sFr 32,50 | ca. € (A) 24,70
ISBN 978 3 311 10041 6

Andrea Bajani erzählt in seinem virtuos gebauten Roman aus dem Leben eines Mannes – anhand der Wohnungen, in denen er lebte: von seinen Freundschaften, von einer Ehe, in die er sich geflüchtet hat, von vielen Verletzungen, der Entdeckung von Sex und Poesie und davon, wie er sich befreit hat von einer Familie, die sich selbst zu zerstören drohte.

»Andrea Bajani erzählt mit unbändiger Energie.«
Enrique Vila-Matas

»Andrea Bajani führt die Belletristik zurück zur höchsten Ausdrucksform der Literatur.«
La Repubblica, Rom

Eine éducation sentimentale in Quadratmetern, ein Roman von visionärer Kraft und großer Poesie.

JJ Bola

336 Seiten | Gebunden
ca. € (D) 24,– | ca. sFr 32,50 | ca. € (A) 24,70
ISBN 978 3 311 10043 0

Michael Kabongo lässt alles hinter sich. Seinen Job als Lehrer: Vergeblich hat er versucht, Jugendliche zu retten, die wenig Chancen haben. Seine Mutter: Unablässig predigt sie, Seelenheil finde man nur in der Kirche. Seine Kollegin Sandra: Er fühlt sich zu ihr hingezogen, aber sie ist mit einem anderen zusammen. Michael hat einen radikalen Entschluss gefasst: Er wird durch die USA reisen, solange sein Geld reicht, dann wird er sein Leben beenden.

»Herausragend und herzzerreißend.«
Booklist, Chicago

Jamaica Kincaid

224 Seiten | Gebunden
€ (D) 22,– | sFr 30,– | € (A) 22,60
ISBN 978 3 311 10067 6

Eine Kindheit voller Freuden und Träume. Eine Zeit der Geheimnisse und der Rebellion. Die Geschichte einer schmerzhaften Ablösung. Weise, wahrhaftig und immer wieder überraschend.

112 Seiten | Gebunden
€ (D) 18,– | sFr 24,50 | € (A) 18,50
ISBN 978 3 311 10068 3

Wer träumt nicht von einer kleinen Insel, von wolkenlosem Himmel, tiefblauem Meer? Aber was macht der Tourismus mit den Einheimischen? Ein Buch über ein zerstörtes Paradies, das Antigua heißt und Jamaica Kincaids Heimat ist.

Olga Tokarczuk

LITERATUR-NOBELPREIS

192 Seiten | Gebunden
€ (D) 22,– | sFr 30,– | € (A) 22,60
ISBN 978 3 311 10074 4

Eines Tages wird die schöne, aber auch machtbewusste AnnaIn zu ihrer Zwillingsschwester, der Herrscherin der Unterwelt, gerufen. Und so steigt sie hinab ins Reich der Todes … Ein uralter Mythos, mit viel Witz in unsere Gegenwart gebracht.

1184 Seiten | Taschenbuch
€ (D) 24,– | sFr 32,50 | € (A) 24,70
ISBN 978 3 311 15032 9

Olga Tokarczuks Opus Magnum: Der polnische Mystiker Jakob Frank. Das Porträt eines Grenzgängers an der Schwelle zur Moderne. Ein Buch, das Grenzen überschreitet. Ein Buch für alle Zeiten.

Poetisch, voller Witz und Weisheit

336 S. | € (D) 24,– | sFr 32,50 | € (A) 24,70
ISBN 978 3 311 10018 8

Das 20. Jahrhundert aus Engelperspektive – ein zutiefst menschlicher Roman, in dem es von seltsamen Gestalten wimmelt.

Ein einzigartiger Generationenroman

304 S. | € (D) 24,– | sFr 32,50 | € (A) 24,70
ISBN 978 3 311 10030 0

Drei Frauen: Mutter, Tochter und Enkelin auf der Suche nach sich selbst – nach einem Ort, im Leben und im Sterben.

Nichts ist, was es scheint.

240 S. | € (D) 22,– | sFr 30,– | € (A) 22,60
ISBN 978 3 311 10029 4

Olga Tokarczuk schubst uns aus der Komfortzone, lässt uns spüren, dass die Welt immer weniger zu fassen ist.

Nowa Ruda, ein schlesisches Dorf

384 S. | € (D) 24,– | sFr 32,50 | € (A) 24,70
ISBN 978 3 311 10020 1

Was von den Menschen bleibt: Geschichten, Träume. Ein vielstimmiges Echo des kollektiven Bewusstseins einer Gemeinschaft.

Witold Gombrowicz

256 Seiten | Gebunden mit Schutzumschlag
€ (D) 24,– | sFr 32,50 | € (A) 24,70
ISBN 978 3 311 10104 8

Was als eine Art erotische Schachpartie mit lebenden Figuren beginnt, wird zum bitterernsten Spiel mit tödlichem Ausgang. Raffinierter, provozierender, scharfsinniger wurde in der modernen Literatur wohl selten erzählt.

ca. 352 Seiten | Gebunden mit Schutzumschlag
ca. € (D) 25,– | ca. sFr 33,90 | ca. € (A) 25,70
ISBN 978 3 311 10101 7

Gleich bei Erscheinen 1937 war *Ferdydurke* eine Sensation, ein Skandal und dann jahrzehntelang in Polen verboten. Heute gilt Gombrowiczs Ode an die Unreife als Meisterwerk der europäischen Moderne.

»Die Amy Winehouse der 1920er.« *Die Welt*

400 S. | € (D) 14,– | sFr 19,– | € (A) 14,40
ISBN 978 3 311 15044 2

Alabama will aus dem Schatten ihres Mannes heraustreten, träumt von einer Karriere als Tänzerin. Das Porträt einer fatalen Liebe.

»Gehört unter jedes Kopfkissen.« *Tilda Swinton*

368 S. | € (D) 14,– | sFr 19,– | € (A) 14,40
ISBN 978 3 311 15041 1

Ein Buch der radikalen Möglichkeiten: Mann und Frau, Vergangenheit und Zukunft. Ein Roman als einfühlsamer Liebesbrief.

Spätestens bei der Lektüre von *Die Zeremonie des Abschieds* begreift man, dass Sexualität, genauer: der sexuelle Akt, für Sartre keine große Bedeutung hatte. Ich vermute, dass Ihre Beziehung schon darum nie sehr stark auf Sexualität gebaut war. War das eine Chance? Schloss es zumindest die körperliche Eifersucht aus? Und die schmerzliche Neuorientierung, sobald die sexuelle Anziehung nachlässt?

Vielleicht ... Hinzu kam, dass wir auch intellektuell viel zu selbstbewusst waren, um zu befürchten, dass eine andere Person wichtiger werden könnte. In der Tat interessierte der sexuelle Akt im engeren Sinne Sartre nicht sonderlich, er streichelte gern. Ich hingegen war sehr leidenschaftlich! Für mich war die Sexualität mit Sartre in den ersten zwei, drei Jahren sehr, sehr wichtig, da ich die Sexualität ja mit ihm entdeckte. Später ließ es zwischen uns nach, weil es eben auch für Sartre nicht *die* Bedeutung hatte. Obwohl wir noch fünfzehn oder zwanzig Jahre lang auch sexuelle Kontakte hatten, spielte die Sexualität in unserer Beziehung in der Tat keine so große Rolle.

Das Wesentliche zwischen Ihnen war, denke ich, Ihre intellektuelle Beziehung. Was sagen Sie zu der weitverbreiteten Version, dass Sie »die große Sartreuse«, die »erste Schülerin Sartres« seien?

Ich denke, dass das falsch ist. Ganz und gar falsch! Sicher, in der Philosophie war er schöpferischer als ich. Seine Überlegenheit in dieser Domäne habe ich immer anerkannt. Was also die Philosophie Sartres angeht, da war ich seine Anhängerin, denn ich habe den Existenzialismus ja auch zu meiner Sache gemacht. Wir haben allerdings immer sehr viel gemeinsam darüber diskutiert, so manches zusammen erarbeitet. In der Entstehungszeit von *Das Sein und das Nichts* zum Beispiel war ich gegen einige seiner Ideen. So manches Mal hat er dann auch seinen Weg leicht korrigiert.

Zum Beispiel?

Eben in *Das Sein und das Nichts*. Er sprach da in einer ersten Fassung von der Freiheit, als wäre sie für alle Menschen quasi total. Oder als wäre es zumindest immer möglich, seine Freiheit zu leben. Ich hingegen bestand auf der Tatsache, dass es Situationen gibt, in denen die Freiheit nicht gelebt werden kann oder nur eine Mystifikation ist. Das hat er angenommen. Er hat der Situation, in der der Mensch sich befindet, später eine große Bedeutung zugemessen.

Das war Anfang der vierziger Jahre – also vor Ihrer beider Begegnung mit dem Marxismus …?

Ja.

Und was taten Sie in der Zeit?

Ich war unabhängig von Sartre, da ich meine eigenen Bücher, meine eigenen Romane schrieb. Ich hatte auf die Literatur gesetzt. Selbst *Das andere Geschlecht*, das ja einen philosophischen Hintergrund hat, den Sartre'schen Existenzialismus, war dennoch ausschließlich die Kreation *meiner* Vision von Frauen. So hatte *ich* es empfunden.

Wie erklären Sie sich, dass Sie selbst mit jemandem wie Sartre – der menschlich und intellektuell sehr anziehend war – nicht in die Falle gegangen sind, »seine Frau« sein zu wollen? Dass Sie eben nicht zum relativen Wesen, zur »Frau an seiner Seite« degradiert wurden? Was scheint

Ihnen in Ihrem Leben ausschlaggebend dafür, dass Sie eine der wenigen Frauen sind, die es schafften, autonom zu existieren?

Die Prägungen meiner ersten Lebensjahre. Dass ich immer schon meinen eigenen Beruf haben wollte! Dass ich immer schon schreiben wollte, lange bevor ich Sartre kannte! Dass ich Träume hatte, keine Phantasien, sehr kühne Träume, Wünsche, die längst vor der Begegnung mit Sartre feststanden! Zum Glücklichsein war ich es mir also schuldig, mein Leben zu erfüllen. Und Erfüllung war für mich in erster Linie die Arbeit.

Und Sartres Haltung dazu?

Er vor allem war es, der mich dazu ermunterte. Nach meiner Promotion, ich hatte sehr viel gearbeitet, hatte ich Lust, mich ein wenig fallen zu lassen, ins Glück, in Sartres Liebe … Da war er es, der mir gesagt hat: Aber Castor, warum denken Sie nicht mehr? Warum arbeiten Sie nicht mehr? Sie wollten doch schreiben! Sie wollen doch wohl keine Hausfrau werden, oder …?! Er hat sehr darauf bestanden, dass ich meine Autonomie erhalte und schaffe, vor allem durch das Schreiben.

Das war wohl gegenseitig. Ohne die Begegnung mit Ihnen hätte Sartre sich vermutlich in sehr klassischen Liebesstrukturen wiedergefunden …

Ein verheirateter Sartre? Das hätte ihm ganz sicherlich gestunken. Aber es stimmt, man hätte ihn leicht in die Enge treiben können. Das schlechte Gewissen … Aber er pflegte sich dann auch schnell wieder davon zu befreien.

Kennen Sie das, das bei Frauen so weitverbreitete schlechte Gewissen, diese Schuldgefühle?

Nein, ich hatte noch nie ein schlechtes Gewissen in diesem Sinne. Manchmal Gewissensbisse, wenn ich Freundschaften auf brutale Art beendete. Darauf war ich nicht immer gerade stolz. Aber alles in allem hatte ich immer ein gutes Gewissen – das ist manchmal fast ein Unbewusstsein, denke ich.

Sie sind, glaube ich, ganz allgemein ein Mensch, der sich nicht so gern den Kopf über sich selber zerbricht ...

Das stimmt. Meine Analysen wende ich nicht allzu sehr auf mich selbst an. Das ist mir fremd.

Genet hat einmal von Ihnen beiden gesagt, in Ihrer Beziehung seien Sie der Mann und Sartre sei die Frau. Was meinte er damit?

Er wollte damit sagen, dass Sartre seiner Meinung nach eine reichere Sensibilität hatte als ich, eine Sensibilität, die man also »weiblich« nennen könnte. Ich hingegen hätte viel schroffere Verhaltensweisen. Aber das hatte auch viel mit Genets Beziehung zu Frauen zu tun, die er nicht gerade sehr liebt ...

Aber es ist ja was dran. Sie können ein wahrer Maulesel sein – das sagen Sie ja auch selbst. Ihre Energie und Ihre scharfe Intelligenz, Ihre Heftigkeit und auch die Eisigkeit, mit der Sie Situationen und Menschen begegnen können, die Sie nicht mögen ... Da ist nichts von einer »weiblichen« Verbindlichkeit. Sie sind ein sehr absoluter Mensch.

Das stimmt.

Ich kenne nicht wenige Fälle, in denen Frauen, die sich eine solch unverhüllte Energie und Intelligenz erlauben, dafür sozusagen bestraft werden. Die Umwelt lässt sie spüren: Du bist »so gut wie ein Mann«? Dann bist du »als Frau« nicht begehrenswert! – Kennen Sie das?

Nein.

Sie sind also niemals in die Versuchung gekommen, zur Kompensation Ihrer »männlichen« Züge die »kleine Frau« zu spielen?

O nein, nie! Ich arbeitete, und ich hatte Sartre. Und die Dinge kamen, wie sie kamen, ich rannte ihnen nicht nach. Das heißt, als ich mich in Amerika in Algren verliebte – in diesem fremden Land, mit seinem Charme, mit all den Qualitäten, die er hatte –, da habe ich nicht viel anstellen, mich nicht verstellen müssen! Er war auch in mich verliebt.

War erotisches Begehren für Sie immer mit Gefühlen verknüpft?

Ich glaube, ja. Übrigens: Ich begehrte keinen Mann, wenn ich nicht auch begehrt wurde. Es war immer eher das Begehren des anderen, das mich mitriss.

Ganz schön vorsichtig ...

Ja. Vielleicht hatte ich manchmal andere Phantasien ... Aber in der Realität gab es keinen Mann, der mich berührt hätte, bevor uns nicht schon eine große Freundschaft verband.

Keine raschen Begierden? Keine kurzen Nächte, die mit irgendjemandem befriedigt wurden, egal mit wem?

O nein, das nie! Das ist mir ganz, ganz fern. Vielleicht ist es puritanisch, vielleicht das Ergebnis meiner Erziehung. Aber wie auch immer: Es ist nie, nie passiert! Nicht einmal dann, wenn ich nichts laufen hatte, also eine Zeit lang ohne Sexualität war. Dennoch hätte ich niemals daran gedacht, mir einfach einen Mann zu suchen …

Ist diese Zurückhaltung »weiblich« …?

Ich weiß es nicht.

Wenn Sie von Ihrer Sexualität sprechen, sprechen Sie immer nur von Männern. Haben Sie niemals Sexualität mit einer Frau gelebt?

Nein. Ich hatte zwar immer wichtige Freundschaften mit Frauen, sehr zärtliche, manchmal auch körperlich zärtlich. Aber daraus ist nie eine erotische Leidenschaft geworden.

Und warum nicht?

Das hat sicherlich mit meiner Konditionierung durch die Erziehung zu tun. Ich meine damit die gesamte Erziehung, nicht nur die häusliche, all die Lektüren und Einflüsse, die mich als Kind prägten und die mich in die Heterosexualität gestoßen haben.

Wollen Sie damit sagen, dass Sie die Homosexualität konkret nie gelebt haben, sie aber theoretisch voll akzeptieren, auch für sich selbst?

Ja, ganz und gar. Frauen sollten sich nicht länger ausschließlich auf das Begehren der Männer hin konditionieren lassen. Und überhaupt denke ich, dass schon heute jede Frau ein bisschen ... ein bisschen homosexuell ist. Ganz einfach, weil Frauen begehrenswerter sind als Männer.

Wie das?

Weil sie schöner sind, weicher, ihre Haut ist angenehmer. Und sie haben gemeinhin auch mehr Charme. So ist es bei einem ganz normalen Ehepaar sehr häufig der Fall, dass die Frau angenehmer ist, lebendiger, anziehender, amüsanter, selbst intellektuell.

Man könnte sagen, das sei ein bisschen sexistisch oder männerfeindlich, was Sie da sagen ...

Nein. Denn das hat natürlich auch etwas mit der unterschiedlichen Konditionierung und Realität der Geschlechter zu tun. Es ist einfach eine Tatsache, dass Männer heute oft diese ein wenig lächerlichen Züge haben, die auch Sartre so langweilten. Sie sind so abgehoben, so unlebendig, sie theoretisieren gern so wichtigtuerisch.

Stimmt. Aber ich finde, Frauen haben auch so ihre Fehler. Und neuerdings sind sie sogar wieder stolz darauf. In Deutschland zum Beispiel, und nicht nur da, haben wir es mit einer Renaissance der »Weiblichkeit« zu tun, der sogenannten »neuen Weiblichkeit« (die natürlich in Wahrheit eine uralte ist): Gefühle statt Intellekt, »natürliche« Friedfertigkeit statt Entschlossenheit zur Auseinandersetzung, Mystifizierung der Mutterschaft statt Befreiung vom Zwang zur »Mütterlichkeit« und so weiter und so fort. Sie waren es, die in *Das andere Geschlecht*

zwanzig Jahre vor Beginn der neuen Frauenbewegung das Credo des neuen Feminismus formulierten: »Man wird nicht als Frau geboren, man wird es.« Was sagen Sie nun zu dieser Rückkehr gewisser Frauen zur »Natur der Frau«?

Ich denke, dass das ganz einfach eine Rückkehr in die Versklavung der Frauen ist! Die Mutterschaft ist schließlich immer noch die geschickteste Art, Frauen zu Sklaven zu machen. Damit will ich nicht sagen, jede Frau, die Mutter ist, sei damit automatisch auch Sklavin – es kann Lebensbedingungen geben, unter denen die Mutterschaft nicht diesen Preis kostet. Solange es als Hauptaufgabe der Frau gilt, Kinder zu bekommen, wird sie sich eben kaum um Politik oder Technologie kümmern, und: Sie wird den Männern nicht ihre Überlegenheit streitig machen. Eine erneute Verklärung von »Mutterschaft« und »Weiblichkeit« ist der Versuch, die Frauen auf das Niveau von vorher zurückzudrängen.

Und das ist im Moment einer weltweiten ökonomischen Krise für die Männerwelt doppelt praktisch: Es bindet Frauen wieder fester an die gratis geleisteten häuslichen »weiblichen Pflichten« und macht gleichzeitig bezahlte Arbeitsplätze für Männer frei.

Genau. Da man den Frauen schlecht sagen kann, es sei eine heilige Aufgabe, Töpfe zu spülen, sagt man ihnen: Es ist eine heilige Aufgabe, Kinder zu erziehen. Aber Kinder großziehen, das hat, so wie die Welt heute ist, eben sehr viel mit dem Töpfe-Spülen zu tun. Auf die Art treibt man die Frauen zurück in die Lage eines relativen Wesens, eines zweitklassigen Menschen.

Woran liegt dieser neue Weiblichkeitswahn? Hat auch der Feminismus zum Teil versagt?

Ich denke, dass der Feminismus in der Tat bisher nur eine kleine Anzahl der Frauen wirklich tiefgreifend erreicht hat. Gewisse feministische Aktionen haben viele Frauen erreicht, so zum Beispiel der Kampf für das Recht auf Abtreibung. Aber da der Feminismus für viele Leute jetzt eine gewisse Gefahr zu sein scheint – wegen der Arbeitslosigkeit und der Infragestellung männlicher Privilegien –, reagiert man auf den Feminismus, indem man das, was ganz tief in vielen Frauen steckt, wieder hervorholt: Die meisten sind eben doch Weibchen geblieben … Man gibt der Weiblichkeit einfach wieder einen gewissen ideologischen Wert und versucht so, das vom Feminismus angekratzte Bild der »normalen Frau« wiederzufinden: relativ, bescheiden und all das. Diesem Bild, das vom Feminismus immerhin zerstört wurde, wird jetzt nachgeweint.

Fragen an Sie als Existenzialistin und Marxistin: Wie steht es unter den gegebenen Umständen mit der Freiheit der Frauen? Wo sehen Sie heute noch Raum zum Handeln? Und wo sind die Grenzen, an die wir zwangsläufig stoßen müssen? Auf welchem Weg, mit welcher Strategie könnten Frauen diesen Teufelskreis der »Weiblichkeit«, in dem sie sich befinden, überhaupt durchbrechen? Und sind wir Feministinnen da Ihrer Meinung nach bisher den richtigen Weg gegangen?

Schwer zu sagen. Es ist schon gut, überhaupt etwas getan zu haben. Und die Umstände sind alles andere als günstig … Aber es ist ja wahr, dass in dieser Bewegung schon sehr früh auch Dinge steckten, die nicht sehr gut waren. Zum Beispiel die Entschlossenheit gewisser Frauen, einfach alles, was von den Männern kam, abzulehnen. Nur nichts so machen zu wollen wie die Männer: sich nicht organisieren, keinen Beruf haben, nicht schöpferisch tätig sein, nicht handeln. Ich war immer der Meinung, dass man als Frau das Instrumentarium, das die Männer in Händen halten, einfach nehmen, sich seiner bedienen muss. Ich weiß, dass es da unter den Feministinnen eine Spaltung gibt: Sollen Frauen immer mehr Stellen einnehmen und mit den Männern in Wettstreit treten? Wenn sie das tun, werden sie ohne Zweifel gewisse Qualitäten der Männer ebenso übernehmen wie gewisse Fehler. Oder sollen Frauen sich im Gegenteil alldem ganz und gar verweigern? Im ersten Fall hätten sie mehr Macht, im zweiten verharren sie in der Ohnmacht. Sicher, wenn der Griff der Frauen zur Macht nichts anderes bringt als nur eine Machtausübung nach demselben Muster wie vorher unter den Männern ... so verändert man die Gesellschaft nicht. Und die wahre Perspektive von Feministinnen kann meiner Meinung nach auch die Veränderung der gesamten Gesellschaft und damit auch die Veränderung des Platzes von Frauen in der Gesellschaft sein.

Sie selbst haben, was Ihre Arbeit angeht, den ersten Weg gewählt: Sie haben so schöpferisch geschrieben und so frei gelebt »wie ein Mann«. Gleichzeitig haben Sie versucht, diese Welt zu verändern ...

Ja. Und ich glaube, dass eine solche Doppelstrategie der einzige Weg ist. Wir Frauen dürfen nicht zögern, nach den sogenannten männlichen Qualitäten zu greifen! Viele davon sind ganz einfach menschliche Qualitäten, die auch uns Frauen zustehen! Wir müssen die Einmischung in diese Männerwelt, die weitgehend eben auch ganz einfach die Welt an sich ist, riskieren! Sicher, auf diesem Weg läuft eine Frau Gefahr, andere Frauen und den Feminismus zu verraten. Sie glaubt, sie sei entkommen … Aber auf dem anderen Weg läuft sie Gefahr, in der »Weiblichkeit« zu ersticken.

Auf dem einen wie auf dem anderen Weg sind Frauen oft zurückgestoßen und erniedrigt worden.

Mein Glück ist, dass ich nie erniedrigt wurde. Ich habe unter der Tatsache, Frau zu sein, kaum gelitten. Wenn mich auch – ich sagte das schon im Vorwort zum *Anderen Geschlecht* – Dinge wie die Tatsache, dass die Leute mir immer wieder sagten: »Sie denken das, weil Sie eine Frau sind«, sehr ärgerten. Ich antwortete dann einfach: Das ist wirklich lächerlich – denken Sie dieses und jenes, weil Sie ein Mann sind?

Allgemein, aber gerade auch in Bezug auf die Literatur gibt es heute unter Feministinnen auch die Kontroverse: Soll man die Quantität oder die Qualität fördern? Das heißt: Soll man Frauen ebenso streng messen und kritisieren wie Männer? Oder soll man im Gegenteil zufrieden darüber sein, dass sie überhaupt schreiben, und sie zunächst einmal relativ kritiklos gewähren lassen?

Ich glaube, dass man den Frauen auch Nein sagen muss. Nein, so geht es nicht! Schreibt etwas anderes, versucht, besser zu sein! Seid anspruchsvoller mit euch selbst! Frausein genügt nicht. Die mir zugeschickten Manuskripte sind sehr oft Manuskripte von Frauen, die hoffen, dass ihre Texte gedruckt werden. Es sind Hausfrauen, vierzig oder fünfzig Jahre alt, ohne Beruf, die Kinder sind aus dem Haus, sie haben Zeit. Viele Frauen fangen dann einfach so an zu schreiben. Meistens ihre Lebensgeschichte, fast immer mit einer unglücklichen Kindheit. Und sie glauben, das sei interessant … Die Dinge aufschreiben, das kann eine wichtige Funktion für ihre seelische Verfassung haben, aber es muss ja deswegen nicht auch noch unbedingt gedruckt werden. Nein, ich glaube, Frauen müssen sehr fordernd mit sich selbst werden!

Hat die Existenz der neuen Frauenbewegung auch direkte Auswirkungen auf Ihr eigenes Leben gehabt?

Sie hat mich sensibler für die Details werden lassen, für diesen alltäglichen Sexismus, den man sonst nicht wahrnimmt, weil er dermaßen »normal« ist. Seit Jahren schreiben Pariser Feministinnen für *Les Temps Modernes* Texte über den »alltäglichen Sexismus«, über diese Tatzenschläge mit Samtpfoten, die ich früher nicht gespürt habe.

Vor der Existenz der Frauenbewegung sagten Sie »sie«, wenn Sie von den Frauen sprachen. Heute sagen Sie »wir«.

Dieses Wir ist für mich nicht ein »wir Frauen«, sondern ein »wir Feministinnen«.

Der Begriff »Feminismus« ist inzwischen eine reichlich inflationäre Münze geworden. Heute gibt es zum Beispiel in der breiten bundesrepublikanischen Friedensbewegung Frauen, die unter dem Etikett Feminismus für den Frieden kämpfen: als »Frauen und Mütter, die die Welt von morgen für die Kinder retten wollen«, oder als »Frauen, die dem Leben von Natur aus näher sind«, oder als »Frauen, die von Natur aus friedlicher sind als Männer« – Männer, die angeblich »von Natur aus destruktiv sind« …

Das ist absurd! Absurd, weil Frauen den Frieden als Menschen fordern müssen und nicht als Frauen. Die Argumentation »als Mütter« ist völlig unsinnig, schließlich sind die Männer auch Väter. Außerdem haben Frauen sich bisher eher viel zu viel an die Kinder, an ihre Gebärfähigkeit und ihre »Mütterlichkeit« geklammert. Mit dieser Weiblichkeitsideologie dürfen sie nun nicht auch noch selbst hausieren gehen. Die Friedensfrauen könnten, ganz wie die Männer, dafür kämpfen, dass die jungen Generationen nicht mehr geopfert werden. Aber all das hat wenig damit zu tun, ob sie nun selbst Mutter oder Frau sind. Kurzum, Frauen sollten diese »weibliche« Argumentation ganz und gar fallen lassen, auch wenn und gerade weil man sie ermutigt, im Namen ihrer Weiblichkeit oder Mütterlichkeit für den Frieden zu kämpfen: Denn das ist ja gerade der Trick der Männer, die damit die Frauen wieder mal auf ihre Gebärmutter reduzieren wollen! Übrigens sind Frauen, die an die Macht kommen, nicht anders als die Männer. Das sieht man doch bei Indira Gandhi, Golda Meir, Frau Thatcher und anderen. Sie werden dann keineswegs plötzlich zu Friedensengeln …

Nach dem Zweiten Weltkrieg sind Sie und Sartre zu militanten Intellektuellen geworden. Über Jahrzehnte haben Sie leidenschaftlich und aktiv, schreibend und handelnd in die Politik eingegriffen, um mehr Gerechtigkeit und Freiheit in diese Welt zu bringen. Sie hatten gewisse Hoffnungen in die Revolutionen in Russland, in China und in Kuba gesetzt – und Sie haben Enttäuschungen hinnehmen müssen. Die französischen Verbrechen in Algerien während des Unabhängigkeitskrieges haben nicht nur Ihren öffentlichen und sehr mutigen Widerstand provoziert, sie haben Sie ganz persönlich auch in einem solchen Maße bedrückt, dass Sie nächtelang geweint haben, »aus Scham, eine Französin zu sein«. Sie

erzählen das in Ihren Memoiren. Und nun? Wie sehen Sie die aktuelle politische Entwicklung in der Welt im Allgemeinen und in Frankreich im Besonderen? Haben auch Sie Mitterrand gewählt?

Ja. Weil es dadurch doch ein wenig mehr Gerechtigkeit gibt. Mehr Steuern für Leute mit viel Geld und höhere Renten für Arme. Auch auf der feministischen Ebene gibt es einen gewissen Fortschritt. Yvette Roudy [die Ministerin des neu eingerichteten Frauenministeriums] ist immerhin ein Minister mit eigenem Budget. Sie gibt Frauen und gerade auch Feministinnen ziemlich viele Gelder für Forschung und Projekte. Sie setzt sich für die Verhütung und für die freie Abtreibung ein. Die Abtreibung soll sogar von den Krankenkassen übernommen werden. Aber sonst ... Ich habe ehrlich gesagt auch keine Wunder erwartet. Niemand kann Wunder vollbringen, und schon gar nicht in dieser schwierigen ökonomischen Lage ... Diese sozialistische Regierung muss sehr, sehr maßvoll und sehr vorsichtig auftreten. Sie kann nicht anders, weil sie sonst eine Revolution ins Auge fassen müsste. Und davon kann zurzeit nicht die Rede sein. Ich selbst bin unter diesen Umständen und zu diesem Zeitpunkt nicht für eine gewaltsam erzwungene, eine blutige Revolution. Der Preis wäre zu hoch. Zur Diskussion steht also, leider, nicht eine vollständige Veränderung der Weltordnung. Es kann sich heute in Frankreich meiner Meinung nach unter diesen Umständen lediglich um eine kleine Linderung bestehenden Unrechts handeln.

Wir haben in diesem Gespräch so viel über Männer geredet, dass ich zum Abschluss an die Frau erinnern möchte, die seit über zehn Jahren in Ihrem Leben ist und heute, nach dem Tod Sartres, wohl auch der wichtigste Mensch für Sie: Sylvie le Bon, neununddreißig Jahre alt,

Studienrätin. So große Freundschaften zwischen Frauen sind selten.

Da bin ich nicht so sicher. So manche Frauenfreundschaft besteht, während Lieben vergehen … Wirkliche Freundschaften zwischen Männern sind dagegen sehr, sehr selten. Zumal Frauen sich untereinander so viel mehr sagen.

Mit Sylvie Le Bon und Alice Schwarzer bei den Dreharbeiten 1972

LEBEN UND WERK

1908 Simone de Beauvoir wird am 9. Januar als Tochter eines Anwalts und einer Bankierstochter und Bibliothekarin in Paris geboren.

1910 Geburt ihrer Schwester Hélène.

1913 Mit fünfeinhalb Jahren Einschulung auf einem katholischen Mädcheninstitut.

1917 Die Familie Beauvoir verarmt. Da Beauvoirs Vater seinen Töchtern nun keine Mitgift mehr bieten kann, beginnt er sie auf eine mögliche Berufstätigkeit vorzubereiten.

1922 Beauvoir verliert ihren Glauben, erzählt aber lange niemandem davon.

1926 In ihrem letzten Schuljahr belegt Beauvoir Mathematik und Philosophie als Leistungsfächer und besucht bereits Vorlesungen an der Sorbonne. Sie lernt junge Pariser Intellektuelle kennen und beginnt einen Roman zu schreiben. Kurze Beziehung zu ihrem Cousin, Erleichterung, als er eine andere heiratet.

1928 Während des Philosophiestudiums an der Sorbonne und an der École Normale Supérieure erste Begegnung mit Jean-Paul Sartre. Die beiden beginnen eine Beziehung. Beauvoir besteht die *agrégation* (Wettbewerb für das Lehramt an der gymnasialen Oberstufe) nach Sartre als Zweitbeste.

1931 Eintritt in den Schuldienst als Philosophielehrerin in Marseille. Da es für Ehepaare die Möglichkeit gibt, in der Nähe voneinander beschäftigt zu werden, bietet Sartre ihr die Heirat an. Sie lehnt ab. Die beiden entschließen sich zu einer gleichberechtigten Partnerschaft, in der jeder seine Unabhängigkeit behalten soll.

1932 Versetzung nach Rouen.

1936 Rückkehr nach Paris, Lehrtätigkeit an verschiedenen Lycées.

1940 Während der deutschen Besatzung bleibt Beauvoir in Paris und begegnet zahlreichen Schriftstellern (u.a. Albert Camus und Jean Genet) und Künstlern (u.a. Alberto Giacometti und Pablo Picasso), mit denen sie sich in ihrem Stammcafé trifft, dem Café Flore am Boulevard St. German-des-Prés.

1941 Rückkehr Sartres aus der Kriegsgefangenschaft und Gründung der sozialistischen Widerstandsgruppe Socialisme et Liberté.

1943 Beauvoirs erster Roman *L'Invitée* (*Sie kam und blieb*, 1953) erscheint. Im selben Jahr entlässt man sie aus dem Schuldienst. Beginn einer zweijährigen Tätigkeit bei Radio Nationale.

1945 Der Roman *Le Sang des autres* (*Das Blut der anderen*, 1963) erscheint. Beauvoir und Sartre gründen die literarisch-politische Zeitschrift *Les Temps Modernes*, in der sie ihre philosophischen Aufsätze veröffentlicht.

1946 Der Roman *Tous les hommes sont mortels* (*Alle Menschen sind sterblich*, 1949) erscheint.

1947 Vortragsreise in die USA, wo sie den amerikanischen Schriftsteller Nelson Algren kennenlernt, mit dem sie bis 1952 eine Liebesbeziehung führt.

1949 Der Essay *Le Deuxième Sexe* (*Das andere Geschlecht*, 1951) erscheint. Er wird ein Welterfolg und macht sie zu der bekanntesten Intellektuellen Frankreichs. Aber: Sowohl der Vatikan als auch die Sowjetunion setzen das Buch auf den Index.

1952 Beauvoir lernt den späteren Filmemacher Claude Lanzmann kennen, der in der Redaktion von *Les Temps Modernes* mitarbeitet. Sie führt mit ihm eine Liebesbeziehung bis 1958.

1954 Der Roman *Les Mandarins* (*Die Mandarins von Paris*, 1955) erscheint. Für ihn wird Beauvoir mit dem Prix Goncourt ausgezeichnet.

1958 *Mémoires d'une jeune fille rangée* (*Memoiren einer Tochter aus gutem Hause*, 1958), der erste Band ihrer fünfteiligen Memoiren, erscheint.

1963 Beauvoirs Mutter stirbt an Krebs. Im darauffolgenden Jahr erscheint *Une Mort très douce* (*Ein sanfter Tod*, 1965), in dem Beauvoir mit klinischer Genauigkeit das Sterben ihrer Mutter beschreibt.

1966 Der Roman *Les Belles Images* (*Die Welt der schönen Bilder*, 1968) erscheint.

1970 Der Essay *La Vieillesse* (*Das Alter*, 1970) erscheint. Erste Begegnung mit Alice Schwarzer und Beginn ihrer Freundschaft.

1971 Im Kampf um ein neues Abtreibungsgesetz unterschreibt Beauvoir eine öffentliche Erklärung: *»J'ai avorté.«* (»Ich habe abgetrieben.«) Gründung der Frauenrechtsorganisation Choisir la cause des femmes gemeinsam mit Gisèle Halimi. Beauvoir bleibt bis 1981 erste Präsidentin.

1980 Tod Jean-Paul Sartres, den Beauvoir während seiner langen Krankheit gepflegt hat. Adoption der Philosophielehrerin Sylvie Le Bon.

1981 *La Cérémonie des adieux* (*Die Zeremonie des Abschieds*, 1981) erscheint. Sie schildert darin den über zehn Jahre dauernden Abschied von dem kranken Sartre.

1986 Simone de Beauvoir stirbt am 14. April. Sie wird neben Sartre auf dem Cimetière du Montparnasse beigesetzt.

1990 Sylvie Le Bon beginnt mit der Herausgabe von Beauvoirs Briefen und Tagebüchern.

2020 Der unveröffentlichte autofiktionale Roman *Les Inséparables* (*Die Unzertrennlichen*, 2020) erscheint. Beauvoir verarbeitet darin die Liebe zu ihrer Kinderfreundin Zaza.

BIBLIOGRAPHISCHE HINWEISE

»Darum bin ich heute Feministin«: Erstveröffentlichung 1972 im *Nouvel Observateur*, Paris; die deutsche Übersetzung erschien, ebenfalls 1972, in der Zeitschrift *Pardon* unter dem Titel »Ich bin Feministin«.

»Sartre und ich – das ist eine Osmose«: Dieses Gespräch mit Simone de Beauvoir und Jean-Paul Sartre ist Bestandteil eines 1973 realisierten NDR-Fernsehporträts und erschien, ebenfalls 1973, in der Zeitschrift *Kursbuch* unter dem Titel »... durchaus zu kritisieren«.

»Das Ewigweibliche ist eine Lüge«: Deutsche Erstveröffentlichung 1976 im Nachrichtenmagazin *Der Spiegel.*

»Schlimm am Alter ist, dass man jung ist«: Erstveröffentlichung 1978 in der Zeitschrift *EMMA* unter dem Titel »Frauen fallen nicht so tief runter ...«.

»Ich hingegen war sehr leidenschaftlich«: Erstveröffentlichung Dezember 1982 im Nachrichtenmagazin *Der Spiegel* unter dem Titel »Frausein genügt nicht«.

BILDNACHWEIS

S. 8: © Bruno Pietszch

S. 22: © Jürgen Wilcke

S. 26: © Julienne/Sipa

S. 44: © Bruno Barbey/Magnum Photos

S. 62: © Jean Guyaux

S. 80: © Bettina Flitner

S. 94: © David E. Scherman

S. 112: © Alice Schwarzer

KAMPA SALON

Zwölf Zimmer für sich allein
Zwölf Schriftstellerinnen im Gespräch

Paris Review-Interviews

Zwölf bedeutende weibliche Stimmen der Weltliteratur. Wer ihre Bücher liebt, wird auch dieses Buch lieben.

Dorothy Parker klagt über die vielen miesen Brotjobs zu Beginn ihrer Laufbahn, Elena Ferrante spricht über die Gedankensplitter, die am Anfang ihrer Texte stehen, und über den Begriff der literarischen Wahrheit. Nadine Gordimer erzählt von ihrer Kindheit in Südafrika, Lydia Davis von der fließenden Grenze zwischen Gedichten und Storys und dem »fröhlichen Schriftverkehr« in ihrem Elternhaus. Rachel Cusk beschreibt einen »spezifisch englischen Schmerz«, den auch sie kenne, und Toni Morrison befasst sich mit der Frage, wie Schwarze in der Literatur weißer Schriftsteller*innen dargestellt werden.
Es geht um alles in diesen Gesprächen mit bedeutenden Autorinnen des 20. Jahrhunderts, um Leben und Schreiben, um Erfolge und Niederlagen. Und diese Gespräche sind selbst Literatur – ein Spiegel des Werks derer, die hier reden: weise und witzig, tiefgründig und abgründig. 1953 an der Rive Gauche gegründet und seit den siebziger Jahren in New York angesiedelt, schenkt die *Paris Review* Leser*innen seit Jahrzehnten erhellende, amüsante – schlicht einzigartige Gespräche mit Autor*innen. Nun sind die besten Interviews mit Schriftstellerinnen endlich auch auf Deutsch in einem Band versammelt.

KAMPA SALON

Susan Sontag
The Doors und Dostojewski
Das Rolling-Stone-Interview mit Jonathan Cott

Susan Sontag und Jonathan Cott treffen sich 1978 zum Interview. Erst in Sontags Pariser Wohnung, dann in ihrem Loft in New York. Entstanden ist ein vielseitiges Porträt, das Susan Sontag als große und agile Denkerin zeigt, vor der kaum ein Thema sicher war – Feminismus, Faschismus, Ästhetik, Ideologie, Chuck Berry oder Friedrich Nietzsche – und die sich keinen Deut um die Trennung von Hoch- und Popkultur scherte. Auch in ihr Privatleben gewährt Sontag Einblick und erzählt von ihrer Rolle als Mutter, ihrer Ehe und ihrer Krebserkrankung, die sie zu einer ihrer wichtigsten Publikationen, *Krankheit als Metapher,* veranlasste. Und selbst der Humor, eigentlich nicht Sontags Markenzeichen, kommt in diesem Buch nicht zu kurz.

»Dieses Buch ist ein besonders großes Glück.«
Jens-Christian Rabe / Süddeutsche Zeitung

»Sontags Drang, selbst das, was sie nicht ist,
zu verstehen, macht aus diesem Gespräch eine
überaus intelligente Unterhaltung.«
Ingrid Mylo / Badische Zeitung